경계선 지능 아동의 정서사회성

•••••• 느린 학습자의 건강한 마음을 위한 실천 프로젝트 ••••••

경계선 지능 아동의
정서사회성

•••••• 정하나 · 유선미 · 김지연 · 임행정 · 정혜경 · 허성희 지음 ••••••

이담북스

저희는 지난 10여 년간 병원, 연구 및 교육 기관, 상담/심리치료 기관 등 다양한 현장에서 아이들과 부모님, 선생님들을 만나왔습니다. 우울하고 불안하며, 때로는 분노를 조절하기 힘들어 찾아온 아이들 중 경계선 지능을 가진 아이들을 만날 때는 더 많은 고민이 들었습니다.

'경계선 지능 아이들에게 보이지 않는, 그리고 손에 잡히지 않는
감정과 우정, 신뢰 등과 같은 추상적인 개념을 이해할 수 있도록 도울 수 있을까?'

'아이들이 스스로 자신의 생각과 행동을
건강하게 변화시키도록 알려줄 수 있을까?'

'경계선 지능 아이들의 부모님과 선생님들의 가장 큰 고민인,
아이들이 친구의 마음에 공감해주며
상황에 맞게 적절히 행동하도록 알려줄 수 있을까?'

이러한 고민은 곧 연구로 이어졌으며, 경계선 지능을 가진 아이들의 정서, 사회성 문제에 인지적 접근이 효과적이고, 자신의 생각과 행동을 다루는 구체적인 기술들을 반복 연습해야 함을 알게 되었습니다. 우울, 불안, ADHD, PTSD 등에 임상 효과가 검증된 인지행동치료 Cognitive Behavioral Therapy/인지행동놀이치료Cognitive Behavioral Play Therapy를 바탕으로 경계선 지능을 가진 아이들의 특성들을 고려하여 정서사회

성 프로그램을 개발해왔습니다. 더불어 실질적이며 구체적인 활동을 담은 매뉴얼과 워크북, 교구재, 웹 개발 및 경계선 지능의 아이들을 만나는 전문가들을 대상으로 교육을 하는 데도 힘써왔습니다.

이 책은 우울, 불안, 분노, 주의조절에 어려움을 보이는 경계선 지능 아이들을 위한 실질적인 활동 중심으로 내용을 구성하였습니다. 이 책을 통해 '천천히 걷기에 더 많이 걸을 수 있는', '느리게 배우기에 더 많이 배울 수 있는' 아이들에게 이제는 '마음'도 배울 수 있음을 말하고 싶었습니다.

오랜 기간 경계선 지능의 아이들을 위한 연구와 프로그램 개발에 저희와 함께 해주고 계신 명지대학교 김정민 교수님에게 먼저 감사의 마음 보냅니다. 또한 경계선 지능의 아이들, 부모님, 선생님들과 함께하는 이담북스와 신수빈 님, '경계를 걷다'의 이보람 대표님에게도 감사함을 전달하고 싶습니다. 마지막으로 경계선 지능의 아이들과 부모님들, 선생님들에게 깊은 감사와 응원의 마음을 전합니다.

저자 일동 드림

목차

2교시. 경계선 지능 아동의 생각-감정-행동 다루기

목차

3교시. 경계선 지능 아동의 사회성 다루기

4교시. 경계선 지능 아동의 정서 및 사회성 Q&A "이럴 땐 어떻게 하면 좋을까요?"

1교시.

경계선 지능 아동 들여다보기

경계선 지능 아동의 이해

경계선 지능이란?

최근 '느린 학습자slow learner'라는 용어를 미디어 등 다양한 매체를 통해 종종 접할 수 있다. '느린 학습자'는 IQ 71 이상 84 이하 사이에 속하는 경계선 지적기능을 가진 아동을 뜻하는 말이다. 몇몇 학자 중에는 느린 학습자를 경계선 지적장애로 칭하기도 하지만, 최근에는 장애라는 개념보다는 기능상의 어려움에 초점을 두어 경계선 지적기능을 가진 아동으로 명명하고 있다.

경계선 지능의 개념을 두고, 정신장애 진단 및 통계편람DSM-Ⅳ-TR에서는 'IQ 71~84에 해당하며 지속적인 관심을 가지고 주의해야 할 발달장애군'으로 분류했으며, 가장 최근에 발행된 DSM-5에서는 V코드로 분류하며 임상적인 도움은 필요하지만 지적장애라고 보지는 않는다고 제시하였다. 미국 의학사전 및 관련 사전 역시 경계선 지능 아동에 대해 '적응 행동에 가벼운 장애를 가지고 있는 IQ 71~84에 해당하는 아동'으로 분류하였다.

교육 분야에서는 경계선 지능에 해당하는 아동을 학습 부진아slow learner, 즉 '지적 능력의 저하로 인해 또래의 학업 향상이나 발전에 비해 그 정도가 열등하며, 학업 성적이 뒤떨어지는 대상'으로 분류하였다. 또한 일상생활에서 느린 학습자와 경계선 지능은 자주 혼용되어 사용하는 용어로 엄밀히 그 의미를 따져본다면, 느린 학습자라는 큰 개념에 경계선 지능이 포함되는 것으로, 느린 학습자는 경계선 지능뿐만 아닌 '또래 혹은 아동이 가지고 있는 지능에 비해 학습 및 문해에 어려움을 겪는 대상 전체'를 뜻한다.

우리가 잘 아는 영화 〈포레스트 검프〉의 주인공 '포레스트 검프'가 바로 경계선 지능에 해당하는 대표적 인물이다. 영화 속 검프는 자신에게 익숙한 일은 일상생활을 하는 데 있어 별 문제가 되지 않으나, 익숙하지 않고 복잡하며 어려운 과제를 처리하는 데 어려움을 느낀다. 이는 뒤에 나올 경계선 지능 아동의 특성 부분에서 자세히 다루고자 한다.

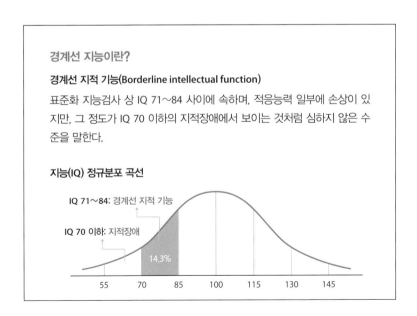

경계선 지능이란?

경계선 지적 기능(Borderline intellectual function)
표준화 지능검사 상 IQ 71~84 사이에 속하며, 적응능력 일부에 손상이 있지만, 그 정도가 IQ 70 이하의 지적장애에서 보이는 것처럼 심하지 않은 수준을 말한다.

지능(IQ) 정규분포 곡선

IQ 71~84: 경계선 지적 기능

IQ 70 이하: 지적장애

14.3%

55 70 85 100 115 130 145

- 인구학적으로 전체의 14.3% 정도가 이에 해당한다.
- 심리상태나 환경 조건에 의해 '평균 하' 정도의 지능지수임에도 불구하고 IQ 80~85 정도로 낮게 나오는 경우가 종종 있다. 이에 현실적으로 경계선 지능의 수준은 IQ 70~79 정도로 해석된다.
- 느린 학습자의 좁은 의미: 경계선 지능의 범주에 해당하는 사람
- 느린 학습자의 넓은 의미: 또래 혹은 가지고 있는 지능에 비해 문해 및 학습에 어려움을 겪는 대상 전체

경계선 지능의 진단과정

웩슬러 지능검사 기준 IQ 71~84는 전체 인구의 약 14.3% 정도인구의 약 10%로 매우 흔하게 나타난다. 정신연령은 평균 10~13세 정도의 수준이며, 시기적절한 개입에 따라 15세 정도까지 상회할 수 있다.

진단의 목적은 낙인, 제한의 의미가 아닌 개인의 성장 과정을 방해하는 요인을 찾는 조기선별과 예방에 그 목적이 있다. 조기선별은 경계선 지능 아동의 적응을 위한 효율적 개입을 가능하게 하고 이후 발생할 수 있는 자원의 낭비 또한 최소한으로 하여 궁극적으로 경계선 지능 아동의 지적 능력과 적응력 향상에 도움을 제공할 수 있다. 그러나 경계선 지능 아동을 조기선별 하는 데는 여러 어려움이 있다. 유아기에는 눈에 도드라지는 차별적 징후를 발견하기 힘든 부분이 있으며, 학령기에 도달해야 비교적 그 문제가 분명히 드러나기 때문이다.

아동의 경계선 지능이 의심될 때 초기에 선별할 수 있는 몇 가지 방법이 있다. 여기서는 선별과정을 크게 초기선별과 과학적 확인을 통한 진단과정으로 나누어 살펴보고자 한다. 만약 초기선별과정에서 보인 특징을 기초로 하여 정확한 진단을 받고자 할 때는 정신의학과 또는 사설 상담센터 등의 전문기관을 통해 임상심리사가 시행하는 표준화된 지능 및 심리검사 도구를 이용한 전문적인 검사 시행을 권고한다.

① 경계선 지적 기능의 선별

아동이 경계선 지능으로 의심될 때 대략적 선별을 위한 방법으로는 ㉠ 관찰 ㉡ 학교에서의 학업 수행 정도 ㉢ 가족력 등이 있다. 이를 좀 더 구체적으로 살펴보자.

㉠ 관찰

경계선 지능을 가진 아동의 행동을 주의 깊게 살피고, 다양한 장면에서 개인의 반응을 지속적으로 관찰해야 한다. 내외부 활동에서 보이는 행동특성, 타인과의 상호작용의 양과 질적인 정도, 갈등 상황 발생 시 해결 및 대처하는 주된 방식, 제시되는 학습 내용이나 과제에 대한 이해의 정도, 다양한 장면에서 표현되는 이야기의 내용, 자신이 원하는 것을 적절하게 표현할 수 있는지, 지시 듣고 따르기에 대한 여부, 원하는 바를 이루기 위해 당장의 욕구나 만족을 참아낼 수 있는 만족지연의 능력 여부, 주의력과 기억의 용량 등이 적절히 이루어지고 있는지에 대한 관찰이 필요하다.

ⓛ 학교에서의 학업 수행 정도

학교 내에서 시행하는 단원평가, 받아쓰기 등 학습평가의 결과를 살피면서 또래의 평균 학업성취에 비해 어느 정도 이탈되어 있는지를 확인해 보거나, 교사를 통해 아동의 학습 태도, 학습 이해도 및 정보 인출의 속도, 학교에서의 적응 정도에 대한 반응을 살펴보아야 한다.

ⓒ 가족력

아동이 속한 가족의 정신적, 신체적인 질병과 더불어 가정의 문화적, 경제적 맥락도 고려되어야 할 부분이다.

관찰, 학업 수행 정도, 가족력 세 가지 방법을 분리 혹은 조합하여 정보를 파악해야 한다.

② 경계선 지능 아동의 진단

현재 국내에서 아동의 지능을 측정하고자 주로 사용하는 검사 도구로는 웩슬러 지능검사가 표준화되어 있다. 또한 경계선 지능 아동의 사회 부적응에 대한 검사사회성숙도 검사, 문제행동 척도, 인성 척도 등도 다양하게 사용되고 있으며, 기초학습기능평가를 통해 아동의 학습능력을 파악해볼 수 있다.

경계선 지능의 원인

경계선 지능의 원인으로 다양한 요인이 있을 수 있겠지만, 최근 연구를 통해 밝혀진 몇 가지 요인들만 살펴보고자 한다.

① 가족 구성원의 지능과 교육 수준

생애 초기부터 아동에게 가장 큰 영향을 주는 사람은 부모로, 아동은 부모와 가족 구성원과의 상호작용을 통해 세상을 배워나간다. 즉 부모를 비롯한 가족 구성원의 지능은 아동의 인지발달에 중요한 역할을 한다.

아동은 부모와의 상호작용 과정을 통해 아동은 개념을 형성하거나 추론, 비판적 사고 기술 등 인지기능을 발달해나간다. 그런데 부모와 가족 구성원의 지능이 제한적이거나 상호작용을 주고받는 데 있어 그 능력이 현저히 부족하다면 적절한 교육이 개입되지 못할 수도 있다.

② 정서적 요인

아동이 경험하는 정서적 불안정은 아동의 전반적 발달에서 가장 중요한 영역인 **긍정적 자아 개념**과 **자아존중감**에 영향을 미칠 수 있다. 만성적인 정서적 불안정은 학습의 부진으로 이어지고 대인관계에서도 효능감을 느끼지 못하면서 낮은 자아존중감으로 이어질 수 있다. 이처럼 낮은 자아존중감은 경계선 지능 아동의 가정과 학교, 학습 장면 그리고 또래와의 경험에도 부정적인 영향을 미치게 된다.

③ 개인적 요인

성장 과정에서 아동이 경험하는 신체적 결함이나 만성 질환, 학교 장기 결석과 이로 인한 자신감의 부족은 경계선 지능을 유발할 수 있는 중요한 원인이 된다. 개인적 요인은 학습 부분에서 또래와의 격차를 유발할 정도로 영향력이 크다. 이것은 결국 아동의 자아개념에 지대한 영향을 미칠 수 있으며, 부적응적인 면을 더욱 가중시키면서 경계선 지능의 저하에도 또다시 영향을 미칠 수 있다. 교육 환경의 우호적 경험 또한 경계선 지능에 영향을 미칠 수 있다. 특히 학습에서의 실패를 반복하는 경계선 지능 아동에게 지지적이고 유머러스하며 유능한 교사로부터 학습을 경험한다는 것은 중요한 환경 요소로 작용한다.

결국 이러한 모든 요소는 학교와 학습에 대한 태도에 영향을 미쳐 등교 거부 등의 문제로 이어질 우려가 있다.

원인으로 언급된 것들 외에도 연구되지 않은 다양한 원인은 존재할 것이다. 하지만 중요한 것은 이런 원인 중 하나 또는 몇 개의 중요한 원인을 동시에 가지고 있다 하더라도 많은 아동이 경계선 지능 기능을 갖거나, 그에 따른 부적응적인 양상을 보이는 건 아니라는 점이다. 아동이 처한 환경이나 특수한 배경이 인지발달의 부진과 그로 인한 학습 지진, 부적응 등에 기인하는 것은 아니다. 하지만, 아동의 선천적 기질과 처한 환경의 조건들이 결합하여 아동에게 부정적인 영향을 줄 수 있으므로, 경계선 지능의 원인이 되는 주요 원인을 종합적이며 체계적으로 관찰 및 평가하여 지적 기능이나 부적응이 악화하는 것을 예방할 수 있는 중재가 필요하다.

경계선 지능 아동의 인지적 특성

언어적 대처 능력

경계선 지능 아동은 어휘력이 부진하여 상황에 따라 어떠한 말을 적절히 해야 하는지 모른다. 혹여 상황에 맞게 말할 내용을 알고 있다 하더라도 말해야 하는 순간, 조리 있고 유창하게 말하는 것이 어려울 때가 많다. 또한 어휘력이 부족하다 보니 타인과 이야기를 나눌 때 망설이거나 얼버무리는 경우도 많으며, 논리적이지 못하며 표현 시 순서나 배열 그리고 전달할 내용의 핵심만 간추려 말하기가 쉽지 않고, 문장의 시제나 순서 등 어법에서의 실수 또한 잦다.

추상적, 추론적 사고 능력

어떤 사물이나 사건, 대상의 공통된 특성 등을 찾아낸 후 모두가 알 수 있도록 핵심을 간추려놓은 것을 '개념'이라고 한다. 경계선 지능 아동은 제한적인 인지능력으로 인해 추상적인 개념 이해가 어렵다 보니 직접적으로 지각하거나 경험할 수 없는 사물이나 개념을 이해하는 데 한계가 있다.

그 예로 사랑, 삶과 죽음, 희망, 우정 등과 같이 보이지 않는 추상적 개념을 이해하고, 이해한 것을 설명하는 것이 어렵다. 또한 이전 경험에 따른 사물 간의 관계를 알아채는 추론능력이 낮으며, 학습을 통해 알게 된 개념과 실생활에서의 생각들을 연관 짓는 능력 또한 취약하다. 더불어 규칙이나 책략 등을 배울 수는 있으나, 배운 것을 **언제, 어디서, 어떻게** 적용해야 하는지 몰라 상황에 따른 일반화가 잘 일어나지 못한다.

시공간지각력

시공간지각력이란 일차적으로 사물의 형태와 위치, 거리 등을 파악하고, 시공간적인 상황에서 공간에 대한 정보와 공간 내 요소들 간의 관계 등을 파악할 수 있는 능력을 말한다. 이를 위해 지각은 끊임없이 뇌를 일깨우고 운동시키는 기본적인 에너지와 같은 역할을 수행한다. 아동에게 시공간지각력은 사물의 형상, 속성 등 그 특징을 이해할 수 있게 도와주며, 학습활동의 기초가 되는 읽기, 쓰기에 결정적 영향을 미치게 된다.

실행기능

실행기능은 고차원적인 인지능력으로 자신이 원하는 목표를 달성하기 위해 사고를 조절하거나 상황에 맞게 행동하고 관리하는 능력이다. 아동의 실행기능 발달은 목표지향적 행동을 위해 자신의 정신적 상징을 융통성 있게 조절하는 능력으로 발달하게 된다. 경계선 지능 아동은 충동을 억제하고, 목표 자극에 주의를 기울이며 효과적이고 분별력 있는 사회적 행동을 하는 데 부진한 특성을 보인다.

주의집중 및 작업기억력

주의집중은 환경의 자극 중 필요한 일부에만 집중할 수 있는 인지 과정으로 중요한 부분에만 주의의 초점을 맞춰 문제를 해결하는 **선택적 주의력**과 주의가 얼마나 오랫동안 지속하거나 이동하는지의 **지속적 주의력**, 두 가지로 나뉜다. 선택적 주의력과 지속적 주의력은 연령이 증가할수록 점점 향상되는데, 경계선 지능을 가진 아동은 선택적 주의의 어려움과 비교적 짧은 주의 지속시간을 보인다. 이런 어려움 때문에 경계선 지능 아동은 30분 이상 대부분의 시간을 언어적으로 설명하는 교사의 말에 집중하기 어려워해서 수업시간에 산만한 행동을 하거나 멍하게 앉아 있기도 한다.

작업기억은 우리의 일생 생활과 학습 활동에 가장 필요한 인지기능으로 다른 인지기능과도 서로 상당한 밀접한 관계를 갖는다. 작업기억은 단

시간 동안 정보를 유지하는 능력으로 그 양은 개인마다 조금씩 차이가 있으며, 용량은 상황에 닥친 문제를 해결하고 추리하는 능력에 중요한 원인이 되며, 행동 억제에도 많은 영향을 준다.

경계선 지능 아동의 정서적 특성

우울한 경계선 지능 아동

우울감을 겪는 아동들은 대인관계를 포함하여 사고, 감정, 행동 등에서 증상을 보일 수 있다. 특히 정서 부분에서 '우울한' 혹은 '슬픈' 기분을 동반할 때가 많다. 또한 부정적인 인지 양식과 내부 귀인(모든 게 내 탓이야) 또한 우울감을 경험하는 아동에게서 흔히 나타나는 모습 중 하나다. 이런 인지 양식을 통해 우울감을 경험하는 아동들은 부정적인 사건을 일반화하기 쉽고, 그에 대한 반대 증거가 있음에도 불구하고 부정적인 결과를 예상한다. 이와 관련하여 아동의 우울감은 종종 낮은 자존감을 동반하기도 한다. 특히 학령기에 접어든 경계선 지능 아동의 경우, 또래 집단으로부터 인정을 받거나 학습에서 성취감을 경험하지 못하며, 반복되는 실패와 좌절, 학습된 무기력으로 인하여 자신과 타인, 세상에 대한 부정적인 사고를 갖게 된다.

경계선 지능 아동의 인지적 특성인 **경직성**은 부정적인 사고를 전환하기 어렵게 하거나, 생각에 몰두하게 돼 슬픔이나 무망감을 더욱 가중시킨다. 더 나아가 정서는 무쾌감증anhedonia, 무감동apathy이라는 정서적 둔감을 일으킨다. 이로 인해 흥미를 느꼈던 놀이, 어떤 즐거운 활동에도 재미를 느끼지 못하거나 흥미를 보이지 않으며, 또래 친구들의 놀이 제안과 초대에도 자주 거절하거나 같이 놀면서도 "심심해", "재미없어"라는 말을 반복하기도 한다.

또 다른 문제는 **기분 부전**mood disturbance으로, 아동기 우울은 성인의 우울과는 조금 다른 양상으로 나타난다. 슬픔이나 우울감, 정서적 둔감 이외에도 오히려 짜증이 상당 부분 증가해 관계에서 잦은 갈등, 우기기, 어른에게 말대꾸하기 등의 모습을 보인다. 청소년기에는 우울감이나 무력감보다 오히려 품행 문제 등 다양한 행동상의 문제로 이어지며 가면성 우울을 보이기도 한다. 따라서 경계선 지능 아동이 갑작스레 짜증과 분노를 보이거나 혹은 다양한 품행 문제를 보인다면, 혹시 우울 때문이 아닌지 한 번쯤은 점검해봐야 한다.

아동의 이러한 행동 문제에서 반드시 기억해야 할 것은 아이들 역시 자신의 행동이나 변화가 우울로 인한 정서적 어려움 때문이라는 걸 알 수 없다는 점이다. 아이의 행동에 대한 훈육 전 반드시 아이의 감정을 살펴보고, 그에 따른 적절한 개입과 지도 방법이 달라져야 한다.

불안한 경계선 지능 아동

불안은 인간의 기본 정서로, 불안은 아동에게 낯설고 새로우며 위협적인 상황을 경고해주는 적응적인 기능을 갖는다. 불안은 여러 양상으로 나타나는데, 경계선 지능 아동에게 두드러지는 불안의 양상은 **염려와 근심**이다. 과도한 염려와 걱정을 하는 아동에게 합리적인 설명을 해주고, 충분한 공감과 위로를 했음에도 불구하고 아이들은 계속해서 불안감으로부터 벗어나지 못하고 머무를 때가 종종 있다. 이는 경계선 지능 아동이 스스로 자신이 경험하는 불안감과 그 정도를 잘 인식하지 못하다 보니, 결국 이를 조절하고 통제하는 것 또한 어려워지는 것이다.

이 외에도 불안감은 짜증스럽거나 과도하게 신경질적인 반응으로 나타날 수 있으며, 사소한 일에도 쉽게 짜증내는 모습으로도 표현될 수도 있다.

분노 조절의 어려움을 보이는 경계선 지능 아동

경계선 지능 아동은 분노 조절의 어려움을 보인다. 그래서 또래관계에서 '폭력의 피해자'가 되기도 하나, 다양한 이유로 인해 그들 자신도 역시 쉽게 분노를 표출하며 '폭력의 가해자'가 되기도 한다. 경계선 지능 아동의 분노 조절 문제의 원인을 살펴보면 다음과 같다.

첫째, 낮은 인지 기능

낮은 인지기능은 사회적 상황에 대한 정확한 판단을 저해하므로, 경계선 지능 아동은 상황이나 상대방의 의도를 오해석하여 쉽게 분노를 표출하는 경향이 있다. 더불어 저조한 학업성취와 적응 능력의 부족은 실패를 반복 경험하게 하고, 이로 인해 발생하는 부정적 정서인 열등감, 우울, 분노 등을 경험하게 한다. 이러한 잦은 실수와 실패 경험은 학습이나 새로운 과제를 습득해야 할 상황에서 불안, 회피를 만들어내고, 결국 타의에 의해 강압적으로 과제를 수행하는 과정에서 아동은 쉽게 산만해지고 충동적으로 행동하며 때론 분노와 공격성을 표출하기도 한다.

둘째, 자신의 생각과 감정을 언어로 표현하는 능력 부족

경계선 지능 아동은 간단한 언어개념을 습득했을지라도, 적절한 어휘로 자신의 생각과 감정을 논리적이고 조리 있게 표현하고 전달하는 데 미숙하다. 특히 감정과 같이 추상적인 개념을 구체적으로 표현하는 것이 어렵고, 생각과 의도를 전달하기 위해 필요한 사전지식과 사회적 정보를 종합하고 이를 논리적으로 언어화하는 것이 제한적이다. 이에 자신의 생각과 감정을 적절히 표현하지 못한 결과로 부당하고 불합리한 처우를 받게 되면 아동은 쉽게 분노감을 경험하게 된다.

셋째, 또래로부터 소외되거나 따돌림, 무시를 당한 경험

일상에서 맥락에 맞게 상황을 파악하고 대처하는 능력의 부족은 서툰 행동으로 이어져 결국 또래로부터 거부당하거나 놀림, 괴롭힘의 대상이 되기도 한다. 친구와 좋은 관계를 형성하고 싶은 욕구는 높지만, 반복되는 거절과 소외 그리고 괴롭힘은 아동에게 실망, 좌절감을 가져올 뿐만 아니라 분노의 감정을 조절하는 것을 배울 기회를 놓치게 한다.

이러한 원인으로 아동은 분노와 같은 자신의 감정을 조절하지 못한 채, 공격적인 행동으로 분출하면서 친사회적 관계를 형성하는 데 있어 방해하는 악순환의 고리를 만든다. 이처럼 부정적인 감정이란 악순환의 고리를 적절하게 끊어내지 못하면 성인기까지도 적응상의 어려움이 이어진다.

모든 경계선 지능 아동이 분노 조절에 어려움이 있는 것은 아니지만, 분노 조절에 어려움을 보이는 경계선 지능 아동의 생각과 감정, 행동을 스스로 통제하고 조절할 수 있도록 중재하는 일은 아동에게 현재의 안정과 행복을 전달하는 동시에 건강한 미래를 제공한다는 점에서 매우 중요하다.

ADHD와 경계선 지능 아동

ADHD 아동은 실행기능의 결함으로 인해 **인지적 부주의성**을 보인다. 이에 일상생활에서 주의 유지, 언어 및 비언어적 자극에 대한 작업기억, 문제해결에 대한 의욕이나 동기의 결여, 순차적 문제해결, 도덕적 행동에 대한 판단, 목표 행동의 설정 등과 같은 어려움을 보이게 된다. 따라서 경계선 지능이면서 동시에 ADHD인 아동에게는 이러한 인지적 부주의성에 대한 개입을 함께 다뤄주어야 한다.

ADHD의 충동성 문제도 중요하게 다뤄야 할 요소 중 하나다. 충동적으로 행동하고 싶은 욕구 억제, 해야 할 것에 대한 조직화, 자신의 감정 및 행동을 조절할 수 있다면, ADHD인 경계선 지능 아동은 또래 관계 및 학습상황에서 훨씬 적응하며 생활할 수 있다. 충동조절능력의 향상을 통하여 타인에게 화를 내고 공격적으로 행동하기보다 대화로 문제 상황을 해결해 나아가는 등 바람직한 태도를 취할 수 있게 된다.

이러한 과정은 아동에게 사건 발생 전 상황을 살피고, 문제가 생기지 않도록 조심하거나 더 확장되지 않게 미연에 방지할 수 있는 효과로도 이어진다. 이로써 아동은 자신의 인지 능력을 활용하여 상황에 맞게 전략적으로 행동할 요령을 터득하게 된다.

경계선 지능 아동의 사회적 특성

자기, 타인, 사회적 맥락 안에서 관계를 맺고자 타인과의 상호작용 속에서 사회적 상황을 지각하고, 해석하여 예측하는 방식을 **사회인지**라고 한다. 이 과정에서 아동은 타인의 내적 경험인 생각이나 감정의 의도를 추론하고 개념화하게 된다. 이러한 사회인지는 사회적 상황에서 적절한 행동을 할 수 있도록 하는 안내판과 같은 역할을 하기에, 경계선 지능 아동에게는 상당히 중요한 개념이다.

그러나 경계선 지능 아동의 경우 개념적이거나 추상적인 사고에서 어려움을 보이므로, 이들의 사회인지를 발달시키기 위해서는 여러 단계를 거쳐야 한다. 사회인지를 발달시키기 위해서는 자신이 처한 상황에서의 내적 경험을 지각하고 이해하는 단계가 선행돼야 하며, 경험한 사회적 상황을 토대로 다른 사람의 행동을 이해할 수 있도록 도우며, 다음 상황을 예측하여 적절하게 타인의 생각과 감정에 반응할 수 있도록 개입해야 한다.

또한 경계선 지능 아동에게 사회적 상황이나 정보에 대한 해석 능력을 증진하는 것과 동시에 친사회적 기술을 반복 연습하는 것이 또래 관계 적응에 도움이 된다.

〈친구와 대화할 때〉

"화 내지 마, 소리 지르지 마, 때리지 마."(통제)

↓

"이렇게 말하자. 이렇게 제안하자. 이렇게 행동하자."(대처)

이때, 경계선 지능 아동에게 **통제**보다는 **대처**를 가르치는 것이 더 효과가 있으며, 구체적이고 실질적인 행동을 습득하게 돼 일상생활에서도 훨씬 적응하는 모습을 보일 수 있게 된다. 다만, 경계선 지능 아동의 경우 일반화 능력이 부진하여 한 번 배운 기술을 다양한 사회적 장면에 유연하게 적용하기란 쉽지 않다. 따라서 사회 기술을 상세히 알려준 후, 어떤 상황에서 어떻게 적용해야 하는지 리허설을 통해 연습해 보는 과정이 필요하다.

2교시.

경계선 지능 아동의
생각-감정-행동 다루기

경계선 지능 아동과 우울

사고의 특성

경계선 지능 아동은 인지적 부진함으로 인해 일상생활에서 자신에 대한 효능감을 발달해나가기가 어렵다. 특히 아동기에 접어들며 가장 중요한 발달 과업인 학습에서의 성취감 저하로 인한 인지적 무능감과 또래 관계에서의 부정적인 경험들이 이들에게는 큰 좌절과 실패를 맛보게 한다. 이는 곧 열등감과 수치심으로 이어져 부정적인 자기 개념을 내재화하게 된다.

다시 말해, 다양한 도전을 통해 타인으로부터 격려와 지지를 얻음으로써 자신에 대한 긍정적인 자기 개념을 형성해가지 못하다 보니 '나는 아무 것도 못해', '나는 할 수 없어'라는 부정적인 자기 개념을 형성해가는 것이다. 그뿐만 아니라 이러한 사고들은 문제 상황 시 회피·수동·의존적인 태도로 나타나게 된다. 이는 또 다른 실패로 이어지며, 이러한 악순환을 반복하다 보면 아이는 '역시 모든 게 달라지지 않을 거야', '어차피 다시 한다고 해도 성공하지 못해' 등의 사고를 더욱 군건히 하게 된다.

또래 관계에서 장기간 지속되는 갈등이나 따돌림에 대한 경험은 타인에 대한 불신이나 타인의 의도를 고려하지 못하고 위협적으로 받아들여 '아무도 나를 좋아하지 않을 거야', '나를 도와주는 사람은 없어' 등의 사고 또한 초래한다. 이러한 사고의 내용은 경계선 지능 아동들뿐만 아니라, 우울한 사람들이 가진 대표적인 부적응적 사고이기도 하다.

우울한 경계선 지능 아동들이 갖는 또 다른 사고의 특성은 장기간 이어진 실패와 좌절감, 무능감을 경험하며 긍정적인 자기 개념을 형성하지 못해, 자신에게 돌아오는 부정적인 평가를 과도하게 확대 해석하거나, 혹은 긍정적인 평가는 축소해버리는 것이다.

예시

A가 발표를 마치자 같은 반 친구 중 8명이 A에게 손뼉을 치며 격려를 보냈다. 그러나 다른 2명은 A에게 목소리가 떨렸다며 비난했다. 이때 A는 8명의 아이들이 보낸 격려는 간과한 채, 2명의 아이들이 보낸 비난만 계속 생각하거나 '역시 나는 발표를 잘하지 못해, 모두가 다를 놀리잖아'라며 자신에 대한 부정적인 개념을 더욱 확고히 했다.

마지막으로 이분법적인 사고는 상황에 대해 극단적인 생각을 이끈다. 경계선 지능 아동은 경직된 인지적 특성상 유연하게 생각을 전환하기가 어렵고, 하나의 사고에 몰두하는 경향이 있다. 이렇게 반복된 실패의 경험이 자신이나 자신이 경험하는 상황 혹은 다른 사람들에 대해 두 개의 범주 예시) 좋다/싫다, 성공/실패로 나누어 사고하게 되는 데 영향을 주게 된다.

정서적 특성

경계선 지능 아동들이 보이는 사고의 특성들은 꼭 경계선 지능이 아니더
라도 우울감을 경험하고 있는 모든 사람이 보이는 특성이기도 하다. 다만
경계선 지능 아동들의 경우 학령기에 접어들며 학습과 또래 집단으로부터
의 인정을 통한 성취감을 경험하지 못하다 보니 반복되는 실패와 좌절들
은 자신과 세상, 타인에 대한 부정적인 사고를 더욱 가중시킨다. 더불어 경
계선 지능이라는 인지적 특성으로 인한 경직성은 자신이 가진 사고들을
전환하기 어렵게 하거나, 생각에 몰두하게 돼 슬픔이나 무망감들이 더욱
커져 결국 우울감을 경험하게 된다.

뿐만 아니라 우울이라는 정서는 **무쾌감증**anhedonia, **무감동**apathy이라는
정서적 둔감을 야기한다. 평소에 재밌게 즐기던 놀이, TV 프로그램, 취미
등 어떠한 활동을 해도 재미없다고 느끼거나 흥미를 보이지 않기도 한다.
또한 무감동으로 인한 타인으로부터의 철수는 친구들의 놀이 제안이나 초
대에 대해서도 거절하는 빈도를 증가시키게 된다. 심지어 놀이를 하고 있

으면서도 '심심해, 재미없어'라는 말을 반복하기도 한다. 이렇듯 놀면서도 '심심하다, 재미없다'라는 비논리적인 말을 일삼는 아이를 지켜보는 부모나 교사 등 제삼자의 입장에서는 도저히 이해할 수 없는 모습이다 보니, 아이의 이러한 행동을 무심코 지나치고 넘어가게 되거나 면박을 주게 되는 경우가 종종 있다. 그러나 우리가 주목해야 할 것은 아이들 역시 자신들의 행동이나 변화가 우울로 인한 정서적 둔감 때문임을 알 수 없다는 점이다.

우울감이 야기하는 또 다른 문제는 **기분 부전**mood disturbance이다. 특히 아동기 우울은 성인의 우울과는 조금 다른 양상으로 나타나기도 하는데, 슬픔이나 우울감, 정서적 둔감 이외에도 오히려 짜증이 상당 부분 증가되거나, 또래와 형제들과의 관계에서 잦은 갈등, 우기기, 어른에게 말대꾸하기 등의 모습을 보인다. 또한 청소년기 이후에는 가면성 우울이 되어 우울감이나 무력감보다 품행문제 등 다양한 행동상의 문제로 나타나기도 한다.

따라서 경계선 지능 아동이 갑작스럽게 짜증과 분노가 증가하거나 혹은 다양한 품행문제를 보인다면 혹시 우울로 인한 것은 아닌지 한 번쯤 점검해볼 필요가 있다. 바로 이러한 문제 행동들은 바로 기분 부전에서 기인한 것이다. 즉, 경계선 지능 아동들은 자신이 느끼는 불편한 감정을 인식하고, 이를 언어적으로 표현하거나 적절한 방식으로 대응하는 것이 어렵다 보니, 막연한 불편함이 오히려 갑작스러운 짜증이나 고집, 갈등 상황을 유발하는 행동으로 나타날 수 있다. 따라서 아동의 행동을 비난하거나 혼내기 전 반드시 아동의 감정이 어떠한지 물어보고 공감해주는 과정은 필수다.

행동적 특성
· · · · · · · · · · · · ·

우울이라는 정서적인 문제는 다양한 행동 특성을 동반한다.

첫 번째 특성은 무기력이다.

경계선 지능 아동들의 우울감은 상당한 절망감 즉, 성취에 대한 경험 부재와 반복된 좌절에서 기인한 것인 만큼 학습된 무기력감을 경험하게 된다. 이러한 학습된 무기력감을 잘 보여주는 실험이 있다. 1967년 마틴 셀리그만Martin Seligman과 그의 동료들은 24마리의 개를 대상으로 한 우울증 실험에서 발견한 것으로써, 각각 A, B, C 상자에 개를 넣은 후 A와 B 상자에는 전기 충격을 주되, A 상자는 레버를 움직이면 전기충격이 멈출 수 있도록, B 상자는 어떤 방식으로도 멈출 수 없게 하였다. 마지막 C 상자에는 아무런 전기충격을 가하지 않았다. 24시간 뒤 다시 개들을 재배치했을 때, A와 C 상자의 개들은 전기충격을 멈추려 했지만, B 상자의 개들은 아무것도 하지 않았다.

이는 자신이 아무것도 할 수 없다는 반복된 절망감이 얼마만큼 자신을 무기력해지게 만드는지 알 수 있는 실험이었다. 경계선 지능 아동들 역시 학습과 또래 관계에서 반복된 좌절감이나 거절은 자신이 아무것도 할 수 없고 달라지지 않을 거라는 사고를 확고하게 한다. 또한 무력감뿐만 아니라 우울감은 모든 일상에서 흥미가 결여되거나 귀찮음이나 무표정, 작은 목소리, 움직임이 적거나 느리게 행동하는 등 기운 없어 보이며 때로는 놀이조차도 누워서 하려는 경향을 보이기도 한다.

또 다른 특성은 섭식과 수면 문제다.

사람들은 기분이 좋지 않으면 당장 입맛을 잃게 되거나 혹은 허전한 마음이나 결핍감을 달래려 과도한 폭식으로 이어지게 된다. 이는 우울감을 경험하는 경계선 지능 아동들도 동일하다. 이로 인해 갑작스러운 체중의 증가나 감소 혹은 성장하며 정상적으로 증가해야 할 체중이 변화가 없기도 하다. 또한 우울감은 수면의 질에도 방해가 되어 쉽게 잠들지 못하고 뒤척이거나, 한밤중에 깨기도 하며 혹은 과도하게 잠을 자는 등 수면 문제 역시 섭식 문제처럼 극단적인 모습으로 나타나기도 한다.

특히 아동기의 수면의 질은 성장과 학습 등 모든 면에서 중요한 역할을 하므로 수면 문제로 인해 낮에 피로감을 자주 호소하거나 수업 시간에 멍하게 있기도 하며 앞서 언급한 귀찮음이나 무력감을 더욱 가중하는 요인이 되기도 한다. 이외에도 경계선 지능 아동의 우울감은 자주 눈물을 보이거나 공격적인 행동 혹은 두통이나 복통 등 다양한 신체 증상을 동반한다.

경계선 지능 아동의 우울 프로그램

종합해 보면, 경계선 지능 아동의 우울은 반복된 학습에서의 좌절감과 또래들로부터의 거절로 인한 부정적인 자기 개념을 갖게 되고, 이러한 생각을 과장 또는 축소, 유연하게 사고하는 것이 어렵고, 이분법적 사고의 특성을 보인다. 또한 경계선 지능 아동의 이러한 부적응적인 사고의 특성은 우울감과 정서적 둔감, 무기력, 섭식 및 수면 문제 등의 정서, 행동상의 특성으로 이어질 수 있다.

따라서 경계선 지능 아동에게 인지행동치료Cognitive Behavior Therapy/인지행동놀이치료Cognitive Behavior Play Therapy 프로그램에서는 생각-감정-행동에 대한 다각적인 접근을 통해 경계선 지능 아동이 자신에 대한 새로운 시각을 제시하며, 하나의 극단적인 사고가 아닌, 유연하고 다양하게 사고할 수 있도록 도와준다. 자신의 감정을 인식하고 즐거웠던 일을 떠올려 이를 활동으로 연결해 봄으로써 아동의 정서, 행동의 변화를 도와줄 수 있다. 또한 일상생활에서 겪는 섭식과 수면 문제 역시 실제 성공계획표를 통해 성공 경험을 내재화하고 자신에 대한 확신과 자기 효능감을 증진시킬 수 있다.

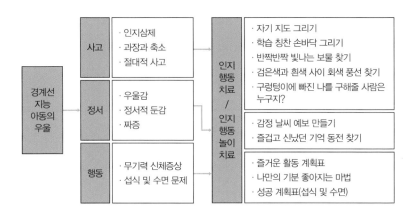

〈표 1 경계선 지능 아동의 우울 프로그램〉

자기 지도 그리기

〈자기 지도 그리기〉의 일차적 목표는 왜곡되고 부정적인 자기 개념을 새롭게 인식시키기 위해 자기의 긍정적인 측면을 볼 수 있는 데 있다. 특히 주변의 피드백으로 지도를 그려 가면서 내재된 자신의 이미지를 변화할 수 있도록 돕는다. 이러한 자기 지도를 통해 부정적인 자신에 대한 생각을 변화시킬 뿐만 아니라, 축소된 긍정적인 자신을 인식하게 하고 의미 있는 타인의 격려를 통해 관계에서 수용 받는 경험까지 확장할 수 있다.

활동 방법

1 큰 원 안에는 자기 이름을 쓰거나 자신의 이미지를 그려 넣는다.
2 주변의 파생된 원에는 친구, 교사, 부모 등 아동과 의미 있는 관계를 맺은 타인을 인터뷰하여 아동이 잘하는 것과 장점을 작성해본다.

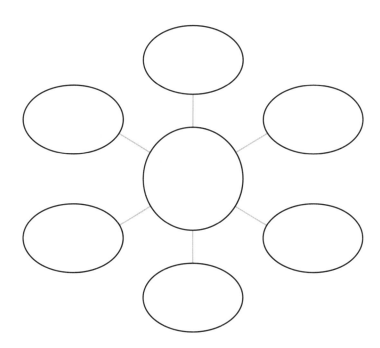

이번 활동 역시 경계선 지능 아동들이 가장 많이 경험하는 학습과 관련한 자신에 대한 무능감이나 열등감으로 인한 부정적인 자기 개념을 변화시키기 위해 사용할 수 있다. 특히 가장 많이 경험하게 되는 학습 영역에서 자신이 잘할 수 있는 것들을 찾아냄으로써, '나는 공부를 다 못 해', '공부는 너무 어렵고 힘들어서 할 수 없어', '포기할 거야'라는 생각을 변화시켜 자신이 잘할 수 있는 부분을 인식하게 할 수 있다.

활동 방법

1 자신의 손바닥을 바닥에 그린 후 학습과 관련하여 자기가 자신 있는 것들이 무엇인지 적어본다.

2 이때 아동이 스스로 잘 찾지 못할 수 있으므로 평소 학습을 지도하는 교사 혹은 부모가 관찰할 때 아동이 할 수 있는 것들을 여러 가지 제안해주는 것도 도움이 된다. 아주 사소한 것이라도 좋다. 예시) '글씨를 또박또박 쓸 수 있다', '그림을 그리거나 글쓰기를 잘한다' 등

3 '능력'보다는 학습에 대한 태도, 학습 과정에서 보이는 행동 등을 적을 수 있도록 돕는다. 예시) 수업 시작 전 화장실 다녀오기, 연필 챙기기 등

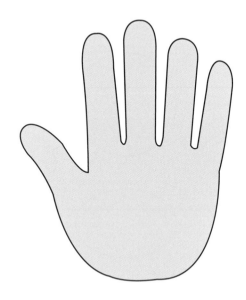

반짝반짝 빛나는 보물 찾기

이 활동은 경계선 지능 아동이 장기간 지속된 다양한 실패의 경험 속에서 성공했던 경험을 인식하게 함으로써 축소되었던 자신의 긍정적인 부분에 대해 인식하고 '나는 잘할 수 있는 일이 아무것도 없어', '아무것도 성공하지 못해'라는 사고에서 벗어날 수 있게 하는 데 도움을 준다.

활동 방법

1 보물 상자 안에는 다양한 보물 그림이 있다. 보물 안에 자신이 성공했던 경험을 적어 보게 한다.

2 이때 아이가 성공의 경험을 찾지 못한다면, 실제 아동이 성공했던 아주 작은 일까지 예시로 제시해준다. 예시) '물을 흘리지 않고 떠오기', '그림책 다 읽기' 등

3 보물에 적어 본 후에는 그 보물들을 실제 작은 상자나 봉투에 넣어 간직하게 하거나 '난 못해, 실패할 것 같아'라고 말하는 상황에서 꺼내어 다시 볼 수 있도록 한다.

검은색과 흰색 사이 회색 풍선 찾기

이 활동은 경계선 지능 아이들이 보이는 흑백 논리(이분법적) 생각에서 벗어나게 하고, 자신이 모두 다 할 수 없거나 실패하는 것은 아니며, 작은 시도 역시 매우 중요하다는 걸 깨닫게한다. 따라서 '노력'도 성공의 한 면임을 인식하게 한다. 또한 자신에 대한 부정적인 인식에서 벗어나, 자신에게도 다양한 색깔이 있음을 인식함으로써, 자기 개념을 변화시킬 수 있다.

활동 방법

1 검은색과 흰색 풍선에 두 가지의 생각을 적어보게 한다. 예시) 검은색과 흰색 풍선에는 '어려운 문제가 나왔어. 난 다 틀리게 될 거야. 어차피 공부해도 소용없으니 포기하자' 등

2 회색 풍선에 들어갈 생각에 대해 찾아볼 수 있도록 한다. 아동이 잘 찾지 못할 경우 다양한 생각을 제시해볼 수 있다. 예시) '한 문제라도 열심히 풀었다면 괜찮아', '그래도 지난번보다 아는 문제도 나왔어' 등

구렁텅이에 빠진 나를 구해줄 사람은 누구지?

이 활동은 경계선 지능 아이들이 보이는 과장과 축소 및 흑백 논리적 생각에서 벗어나게 하는데 도움을 준다. 특히 또래들로부터 거절을 당한 경험으로 인해 축소됐던 자신의 주변 지지자나 격려해주었던 사람들을 인식해볼 수 있다. '아무도 나를 좋아하지 않아'라는 이분법적 사고에서 벗어나 그래도 '나를 좋아해주는 친구가 있다'라는 생각을 다시금 해볼 수 있게 해준다.

활동 방법

1 "만약 내가 길을 가다가 구렁텅이에 빠졌어. 혼자서는 도저히 올라갈 수 없는 상황이야. 그런데 저기 보니 밧줄이 있고 '어서 밧줄을 잡아, 내가 도와줄게'라고 외치는 사람들이 있다면 그 사람들은 과연 누가 있을까?"라고 아이에게 질문해보자.

2 아동과 관계를 맺고 있는 부모, 교사, 친구, 친척, 이웃 등 누구라도 좋다. 도와줄 수 있는 사람의 이름을 모두 적어보게 한다. 아동을 격려해주고 지지해줄 사람들이 있다는 것을 인식해볼 수 있게 한다.

이 활동은 경계선 지능 아동들이 우울감으로 인해 정서적인 둔감을 경험하거나 자신이 경험하는 정서들을 적절하게 인식하고 처리하는 데 도움을 준다. 매일의 감정을 적어보며, 자신의 감정을 이해할 수 있다. 이를 언어로 표현해봄으로써 다양한 감정에 대한 언어들을 익힐 수도 있다. 더불어 부모가 함께 감정을 표현하고 나누어 본다면, 타인의 감정에 대해서도 조망하고 이해해볼 기회가 될 수 있다.

활동 방법

1 일주일간 감정 날씨 도표를 그리고, 매일 그 칸에 감정에 따른 날씨 이미지를 그리거나 스티커를 붙여본다.

2 한 주간 자신의 감정을 살펴보게 한다. 만약 우울한 날이 계속된다면 그날의 기분을 바꾸기 위한 즐거운 활동을 계획해볼 수 있다.

월요일	화요일	수요일	목요일	금요일	토요일	일요일

기쁜	신나는	슬픈	기운 없는	화난

즐겁고 신났던 기억 동전 찾기

아이들은 우울감과 부적응적인 사고들로 인해 자신이 경험한 재미있던 일들을 기억하지 못하거나, 자신에게 일어난 일들이 100점이 되지 않으면 모두 재미없었다고 인식하는 경우가 빈번하다. 이번 활동은 아이들에게 자신에게도 100점은 아니지만 40점, 50점 정도의 재미있고 신나는 일들이 있었다는 것을 인식하도록 하고, 이렇게 찾은 기억들은 다음 활동인 〈즐거운 활동 계획표〉에서 직접 다루어보게 할 수 있다.

활동 방법

1 여러 동전에다가 즐겁거나 신났던 기억이나 활동들을 적어 본다.

2 단, 500원, 100원, 50원, 10점 등 동전의 금액에 따라 즐겁고 신났던 기분의 크기가 다르다.

예시) 500원에는 가장 신났던 일, 10원에는 신나고 즐겁진 않아도 기분이 좋아졌던 일을 적어 보게 하자.

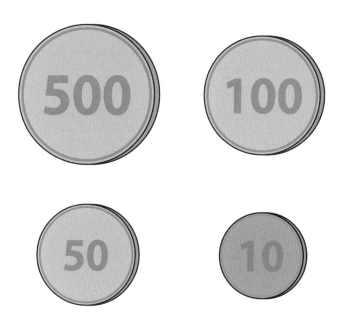

〈즐거운 활동 계획표〉는 우울감을 가진 경계선 지능 아이들이 경험하는 무력감과 무쾌감증을 위한 활동이다. 이 활동의 일차적 목표는 이전에 자신이 좋아했고 즐거웠던 일을 계획하고 이를 실행함으로써, 우울한 감정에서 잠시 벗어나 활력을 주는 데 있다. 또 다른 일을 할 수 있는 마중물의 역할을 하기도 한다. 스스로 일을 계획하고 이를 실행함으로써 얻는 성취감은 이 차적 목표가 돼 아동에게는 자기 효능감을 높여주는 좋은 방법이 된다.

활동 방법

1 그림에 제시된 일일 계획표에 앞서 제시한 즐겁고 신났던 기억 동전에서 찾은 활동을 붙이 거나 적어 본다. 반드시 매일 다르게 계획해야 하는 건 아니다. 한 가지 활동을 여러 차례 반복해도 좋다.

2 실행한 후에는 자신의 감정이 어떻게 달라졌는지 혹은 얼마만큼 즐거웠는지 표시해본다.

요일	즐거운 활동	하기 전 기분	하고 난 후 기분
월요일			
화요일			
수요일			
목요일			
금요일			
토요일			
일요일			

우울감을 가진 경계선 지능 아이들은 갑작스러운 실패로 인해 슬픔, 실망, 좌절감 등의 감정을 경험했을 때, 자신의 감정을 쉽사리 전환하는 것이 어렵다. 그래서 기분이 안 좋을 땐 나만의 마법을 미리 만들어 두어 부정적인 정서가 촉발됐을 때 심상을 떠올리게 함으로써 자신의 감정을 전환하는 데 도움을 준다. 자신의 감정을 통제하는 효과도 기대해볼 수 있다.

활동 방법

1 자신이 가장 좋아하는 목록을 적어보게 한 뒤, 그중 가장 좋아하는 것을 선택한 다음 그것에 대한 이미지를 그린 후 다양한 감각을 떠올리게 한다.

2 기분이 좋지 않을 때 이미지와 감각을 떠올리게 함으로써 감정을 진정시키는 데 도움을 줄 수 있다.

이미지	감각	
	👁	
	👂	
	👃	
	👄	
	✋	

성공 계획표

성공 계획표는 우울한 경계선 지능 아동이 가장 많이 경험하게 되는 좌절감과 실패감을 변화시키고 실제 성공했던 경험을 뒤돌아보게 함으로써 자신에 대한 확신과 자기 효능감을 증진하기 위한 활동이다. 특히 '나는 아무것도 못 해. 나는 실패자야'라는 사고에서 벗어날 수 있는 좋은 근거 자료로써 활용될 수 있다. 동시에 새로운 시도나 도전을 할 때 의욕과 동기 부여하는 데도 이용될 수 있다.

활동 방법

1 먼저 계획표에 한 가지의 목표를 구체적으로 적는다. 이때 첫 번째 목표는 아동이 이미 하고 있거나 할 수 있는 쉬운 활동이어야만 한다. 그리고 최대 5번 내로 활동을 수행하면 나의 성공 목록표에 적어 둔다.

2 두 번째 목표는 첫 번째 활동보다 좀 더 어려운 수준의 활동을 설정하고 아동이 성공한다면 또다시 성공 목록표에 적어둔다. 성공 목록이 늘어날수록 아동은 성공한 경험이 늘어나게 된다.

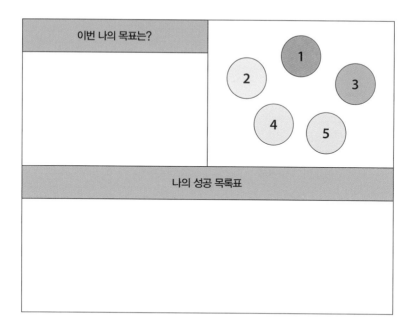

경계선 지능 아동과 불안

사고의 특성

첫째, 파국화 사고이다.

파국화 사고는 아직 일어나지 않은 일에 대한 최악의 시나리오를 예측하는 것이다. 예를 들어 한 아동이 반에서 소풍을 떠나기 전, 짝을 만들어야하는 상황에 놓여 있다. 이때 아동은 '나는 누구와 짝을 하지? 만약 모두가나를 선택하지 않으면 어쩌지? 결국 난 혼자 남게 될 거야'라고 생각할 수있다. 더군다나 경계선 지능 아이들은 자신의 능력에 대한 무능감을 경험했고, 자기 효능감 역시 부족하므로, 최악의 상황에서 자신은 이를 적절하게 대처하지 못할 거라고 예상하게 된다. 즉, 앞서 이야기한 '아무도 나와짝을 하지 않을 것이고 난 혼자 남게 될 거야'란 예측과 '나에겐 이 문제를해결할 방법이 없어'라는 대처 실패에 대한 예상이 아동의 마음속에서 반복적인 대화를 주고받는 것이다. 결국 이러한 최악의 시나리오에 대해 슬프게도 스스로 대처할 수 있는 해결 전략이 없다는 것은 상당한 불안을 야기하게 된다.

둘째, 터널 비전 사고이다.

우리가 고속도로에서 터널을 지나가다 보면 주변이 매우 어두워 터널 끝에 보이는 한 줄기 빛에만 집중하게 된다. 터널 비전 사고는 이처럼 주변의 여러 가지 근거와 정보가 있음에도 혹은 다양한 생각과 전략이 있음에도 하나의 생각에만 몰두하여 이를 전환하지 못하는 것이다. 특히 경계선 지능 아동은 인지기능의 문제로 다양한 전략과 대처 방략이 부족하다는 점을 감안한다면, 터널 비전 사고는 어쩌면 당연한 문제일지도 모른다. 터널 비전 사고는 특히 경계선 지능 아이들이 타인의 평가에 몰두하는 경향과 밀접한 연관이 있다.

예를 들어 수업 시간에 선생님이 보상으로 주는 스티커를 하나도 받지 못한 경계선 지능 아동이 '나만 스티커를 못 받았어. 다음에도 선생님은 나에게만 스티커를 주지 않을 거야'라고 하나의 생각에 빠지는 것이다. 비록 선생님이 아동이 속한 집단원 모두에게 스티커를 주지 않았고, 심지어 다른 활동에 대한 스티커는 모두 받았음에도 말이다.

셋째, 반추적 사고와 인지적 경직성이다.

소들이 한번 삼킨 먹이를 다시 게워 내어 씹는 것을 반추라고 하는데, 이렇듯 반추적 사고는 하나의 사고를 끊임없이 반복하는 것을 말한다. 불안한 경계선 지능 아동들이 경험하는 인지적 고통 역시 타인의 평가 혹은 자신에 대한 확신, 미래에 대한 걱정을 끊임없이 과도하게 되풀이하며 이러한 사고를 쉽게 전환하지 못하는 데 있다. 예를 들어 아동이 '엘리베이터에 타면 사고가 날 거야'라고 생각해서 '무서움'을 반복하여 호소할 때, 아무리 부모님과 주변 사람들이 아니라고 설명해도 아이는 절대 엘리베이터를 타지 않을 것이다. 아무리 합리적인 설명을 한다고 하더라도 말이다.

정서적 특성

경계선 지능 아동들이 흔히 경험하는 불안이라는 정서는 단순한 불안감에서부터 다양한 정서를 경험하게 하거나, 여러 가지 양상으로 표현된다. 우선 경계선 지능 아동이 보이는 불안으로 인해 가장 먼저 관찰되는 것은 과도한 염려와 근심이다. 아무리 부모가 합리적인 설명과 충분한 공감 그리고 위로를 했음에도 아이들은 계속해서 자신의 감정에 머무르는 경우를 종종 볼 수 있다. 대부분의 부모들은 부드러운 말투로 공감을 표현하지만, 아이들은 자신의 감정에서 벗어나지 못하게 되고 결국 부모님은 이해할 수 없는 태도로 아이들을 나무라거나 무시하고 넘어가는 경우가 생겨난다. 하지만 경계선 지능 아동은 스스로 자신이 경험하는 감정의 무게를 견디지 못하거나 이를 조절하고 통제하는 것이 어렵다는 것을 잊지 말아야 한다.

또한 불안한 경계선 지능 아동은 특정 대상에 대한 과도한 공포를 보이기도 한다. 예를 들어, 등굣길에 마주친 큰 개를 보고 두려워서 등교를 거부하거나 혹은 또래들로부터의 평가에 대한 두려움을 느낀다. 때로는 우리가 이해할 수 없는 이유로 특정 대상에 대한 두려움을 보일 수도 있다. 이는 경계선 지능 아동의 사고 특성상 합리적인 이유나 근거가 없을 수 있으며, 아동 스스로 자기 생각을 쉽게 바꾸거나 멈추지 못한다는 점이다.

이 외에도 불안은 짜증스럽거나 과도하게 신경질적인 반응으로 나타날 수 있다. 이는 앞서 경계선 지능 아동들이 우울을 경험할 때도 비슷한 모습으로 표현될 수 있음을 말했지만, 불안 역시 때로는 예민하고 사소한 일에도 쉽게 짜증이라는 정서로 표현되기도 한다. 이러한 모습은 꼭 경계선 지능 아동뿐만이 아니더라도 누구나 불안하거나 긴장감이 높으면 자연스럽게 모든 자극에 대해 예민하게 되고, 이를 해결하려는 과정에서 내적 에너지가 소모되다 보니 짜증이나 신경질 등의 반응을 보이게 되는 것과 마찬가지다.

행동적 특성

경계선 지능 아동들의 불안은 우리가 쉽게 관찰할 수 있는 행동 특성이나 신체 반응으로 나타난다. 가장 두드러진 특성 중 하나는 **위축된 행동**이나 **수줍음**, 혹은 **회피하고 의존하는 행동**이다. 하지만 이에 대해 부모님이나 어른들은 아이의 불안을 공감하지 못하고, 다시 도전해보라는 좋은 의도에서 아이를 극한 상황으로 몰아간다. 이러한 상황이 반복되면 아이는 복통이나 두통 등 여러 신체 증상으로 그 상황을 더욱 모면하려 애쓰게 된다.

자신이 어려운 상황에 놓일 때, 신체 증상을 호소하는 것은 실제 경계선 지능 아이들이 많이 사용하는 방법이다. 특히 수업 시간 중 발표를 해야 하는 상황에서 자주 관찰된다. 경계선 지능 아동들은 자신이 아는 것임에도 불구하고 함묵하는 태도 혹은 눈물을 흘리며 발표를 꺼리는 모습을 보인다. 뿐만 아니라 **불안은 항상 생리 반응을 동반**하게 되는데, 예를 들어 얼굴이 붉어지거나 심장이 두근거리기도 하고, 손에 땀이 나기도 하며, 몸이 경직되어 딱딱하게 굳어 버리기도 한다. 어떤 아이들은 이러한 반응을 두고 속이 울렁거리거나 배가 간지럽다고 표현하기도 한다. 결국 이런 증상이 사회불안을 야기하게 된다.

또한 불안으로 인한 행동 문제 중 쉽게 관찰되는 것은 **산만함, 안절부절, 손발톱 물어뜯기**다. 이 외에도 분리 불안, 강박 증상 등 다양한 행동 특성을 보이게 되는데, 특히 분리 불안과 강박 증상의 경우 흔히 보고되는 양상으로는 등교 후 반복적인 전화 통화다. 이때 부모는 아이의 불안한 마음을 충분히 공감해 주어야겠지만, 때론 과도한 개입이나 도움이 아동의 의존적인 행동을 더 부추기며 오히려 앞서 언급한 회피행동을 더 가중하게 됨을 기억해야 한다.

경계선 지능 아동의 불안 프로그램

경계선 지능 아동들은 파국화 사고와 함께 부정적인 자기 개념으로 인해 자신의 대처 능력에 대한 불확실성으로 최악의 상황에서 자신은 아무것도 할 수 없다는 생각을 하게 되고, 인지기능의 문제로 인해 상황에 대한 다양한 접근이나 생각을 하기 어려워 부정적인 생각에 몰두하는 경향을 보인다. 또한 이러한 생각들을 쉽게 전환하거나 멈추지 못해서 불안을 야기하게 된다. 불안감은 과도한 염려나 특정 공포, 신경질적이고 짜증스러운 정서를 동반하게 되고, 이는 사회적 상황에 대한 회피, 수줍음, 신체 증상 호소, 산만함, 손발톱 물어뜯기, 자주 전화하기 등의 다양한 정서, 행동상의 문제로 나타나게 된다.

따라서 인지행동치료Cognitive Behavior Therapy/인지행동놀이치료Cognitive Behavior Play Therapy 프로그램에서는 경계선 지능 아동이 자신의 사고를 보다 확장해보고, 인지적 유연성을 높일 수 있도록 하며, 사고의 전환이나 반추 사고를 멈추는 데 도움을 준다. 또한 실제 다양한 대처 방략을 계획해보게 하거나 이완 및 호흡 훈련을 통해 경직된 몸을 이완시킴으로써 경계선 지능 아동들이 경험하는 불안 문제를 낮추는 데 도움을 줄 수 있다.

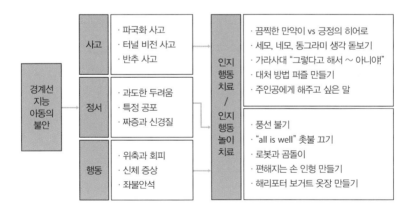

〈표 2 경계선 지능 아동의 불안 프로그램〉

끔찍한 만약이 vs 긍정의 히어로

이 활동은 틀린 경고의 파국화 사고를 단순화하고 이를 반박해볼 수 있도록 한다. 특히 경계선 지능 아동들이 보이는 과도한 불안이 '만약 그렇게 되면 어쩌지?'라는 질문에서 시작돼 가장 최악의 시나리오를 만들어 낸다는 점을 고려하여 그러한 생각과 반대되는 질문들을 찾아봄으로써, 생각을 전환시키고 아동의 불안을 낮추는 데 도움이 될 것이다.

활동 방법

1 끔찍한 만약이 캐릭터를 그려 보거나 간단한 손 인형을 만들어 보게 한다.

2 그 캐릭터가 이야기하는 만약의 상황이나 끔찍한 상상에 대해 적어보게 하자. 이때 아동이 평소 자주 걱정하거나 불안해했던 생각을 적어보게 하면 좋다. 예시) '오늘 학교에서 친구가 내 인사를 안 받아주면 난 혼자 있게 될 거야', '수업 시간에 선생님이 내가 모르는 것에 대해 질문하신다면, 나는 아무 말도 못할 게 뻔하고 친구들이 분명 나를 놀릴 거야'

3 이 끔찍한 만약이를 약하게 만들거나 막을 수 있는 방패 혹은 영웅 캐릭터를 그린 후 그 방패와 영웅 캐릭터는 자신에게 어떤 말을 해줄 수 있을지 같이 찾아 적어보자. 예시) '나는 점쟁이가 아니야. 미래를 맞출 수 없어'

끔찍한 만약이 그리기	긍정의 히어로 그리기

세모, 네모, 동그라미 생각 돋보기

이 활동은 아동의 터널 비전 사고에 대해 다양한 생각을 제시해 줌으로써, 아동이 하나의 생각에만 머물지 않도록 인지적인 유연성을 높이고, 생각의 전환을 해볼 수 있도록 하는 방법이다. 이를 통해 자신이 가진 하나의 사고 이외에도 다양한 생각이 있다는 것을 인식하게 하는데 도움이 된다.

활동 방법

평소 아동이 경험할 만한 상황이나 불안해하는 상황을 하나 선택한 다음, 세모 돋보기에는 아동이 불안해하는 이유를 적어 본다. 네모와 동그라미 돋보기에는 세모 돋보기에 아동이 작성한 생각을 반박할 수 있는 다른 근거를 찾아 적어본다.

예시) 세모 돋보기: '선생님은 무서워, 이번에도 나를 혼내실 거야'

　　　네모와 동그라미 돋보기: '선생님이 칭찬해 주신 적도 있어', '아직 해보지 않았잖아. 많이 연습했으니까 성공할 수도 있어'

가라사대 "그렇다고 해서 ~ 아니야"

이 활동은 합리적인 분석을 크게 요구하지 않으면서도 경계선 지능 아동의 생각의 폭을 넓게 확장시켜 상황을 조망해볼 수 있도록 한다. 또한 타인의 평가(비난, 놀림)에 민감한 만큼 타인의 말이나 아동 자신의 생각이 꼭 사실이 아닐 수 있음을 인식하게 한다. 또한 한 단계 더 발전할 수 있다면 더 합리적인 생각으로 이어져 아동의 파국화적 사고를 바꾸어 주는 데 도움이 된다.

활동 방법

평소 아동이 자주 언급하거나 생각하고 있는 것을 하나 찾는다.

예시 1) '오빠가 나를 바보라고 놀렸어'라는 생각에 가라사대를 붙이면, 아동에게 '오빠가 나를 바보라고 놀렸다고 해서 진짜 내가 바보는 아니야'라고 외치게 한다.

예시 2) '아무도 나랑 놀아주지 않아요'라는 생각에 가라사대를 붙이면, 아동에게 '그 친구가 나랑 놀아주지 않았다고 해서 모두가 나랑 놀아주지 않는 것은 아니야'라고 외치게 한다.

가라사대 규칙

1. 가라사대를 붙이면 무조건 그 말을 따라해야 한다.
예시: 팔 올려 → 팔 올리지 않음
가라사대 팔 올려 → 팔을 올림

예시: "오빠가 나를 바보라고 놀렸어"
가라사대
"오빠가 나를 바보라고 해서 진짜 내가 바보는 아니야"
→ 따라서 외친다.

대처 방법 퍼즐 만들기

이 활동은 경계선 지능 아이들이 보이는 파국화 사고에 대해 미리 대처 방법을 생각해 놓을 수 있게 한다. 경계선 지능 아이들의 경우 유연하고 적절한 대처 방법이 부족하여 그동안 일어났던 수많은 실패의 경험이 오히려 상황에 대해 또다시 실패할 거라는 '파국화 사고'나 비슷한 상황에서 미리 불안감을 느끼는 '예기 불안'을 보이게 된다. 이때 나만의 방안을 만들어 놓음으로써 불안을 낮추는 데 도움이 될 뿐만 아니라, 대처 방법의 성공은 아동에게 또 다른 전략의 습득과 더불어 성취감을 느끼게 하는데도 분명 도움이 될 것이다.

활동 방법

1 퍼즐 칸에 아동이 예기 불안을 느끼는 상황을 여러 가지 적어둔다.
2 퍼즐 조각이 맞춰지는 다른 쪽의 퍼즐에는 아동이 사용할 수 있는 대처법을 적어 둔다.
3 퍼즐 조각을 맞춤으로써, 상황에 따른 대처법을 기억할 수 있게 해준다. 이후 실제 역할극을 통해 이를 연습해보자.

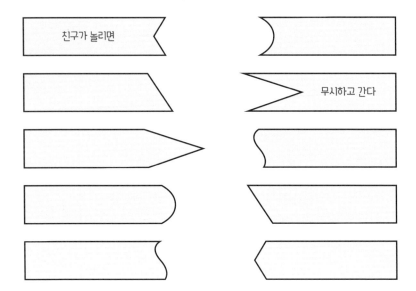

주인공에게 해주고 싶은 말

이 활동은 다양한 이야기를 활용하는 방법이다. 불안을 경험하는 경계선 지능 아이들의 경우 터널 비전 사고로 인해 경직된 사고를 보여 자기 생각을 쉽사리 전환하거나, 새로운 방략들을 떠올리기가 어렵다. 하지만 찰리 채플린의 '인생은 멀리서 보면 희극이고 가까이서 보면 비극'이라는 명언처럼 자신이 당면한 상황이 아닌 주인공의 생각을 찾아보고, 주인공에게 해주고 싶은 말을 제3자 입장에서 해봄으로써 결국, 자신이 경험하는 불안을 일으키는 사고 혹은 대처 방법들을 전환하는 데 도움이 될 수 있다. 불안과 관련한 도서들 이 외에 어떠한 책을 활용해도 좋다. 아동과 비슷한 감정이나 상황을 경험하고 있는 주인공의 이야기라면 모두 가능하다.

활동 방법

1 이야기를 읽으며 상황마다 주인공이 어떤 생각을 했을지 찾아본다.
2 위기나 어려운 상황에서 주인공이 어떤 마음일지 이야기해본다.
3 주인공에게 어떤 이야기를 해줄 수 있는지 같이 토론해본다. 만약 아이가 아직 어려서 토론을 어려워한다면 부모가 대신 말해주는 것도 가능하다.

풍선 불기

우리는 불안하거나 긴장하게 되면 자연스레 몸이 경직되고 심장이 뛰는 등 생리 반응을 보이게 된다. 따라서 불안으로 인한 신체 반응을 이완시켜 줌으로써 생리 반응을 감소시키고, 한편으로는 이러한 이완에 집중하게 함으로써 경계선 지능 아동의 반추적인 생각도 멈추게 하는 방법이 되기도 한다. 특히 〈풍선 불기〉는 심호흡에 해당하는데, 심호흡은 우리 신체에 가장 빠르고 안전하게 개입할 수 있는 방법이기도 하다.

활동 방법

1 실제 풍선을 이용하거나 가상의 풍선이 있다고 생각하며 크게 숨을 3초간 들이쉬고, 다시 3초간 풍선을 불어보도록 한다.
2 이때 천천히 "하나, 둘, 셋"을 외쳐 주면 좋다.

"all is well" 촛불 끄기

이 활동은 풍선 불기와 마찬가지로 심호흡을 통해 이완할 수 있는 방법 중 하나다. 유의점은 촛불 끄기와 풍선 불기 모두 마음이 진정될 때까지 지속해주는 것이 좋으며, 특히 한 번의 성공 경험은 이후 이완하는 데 매우 중요한 역할을 하므로, 성공할 때까지 옆에서 도움을 주어야 한다.

활동 방법

1 촛불을 끄며 "all is well(괜찮아, 다 잘 될 거야)"을 외치며, 호흡과 이완을 시작하는 신호 단어를 연합시켜 준다.
2 매번 숨을 내쉴 때마다 마음속으로 신호를 외치고 시작하면, 이완했던 경험을 떠오르게 하고, 이 단어에 집중함으로써 불안을 야기하는 생각을 중단할 수 있다.

로봇과 곰돌이

이 활동은 불안과 긴장으로 인해 경직된 우리의 근육들, 다시 말해 불안이 주는 신체적인 단서에 주의를 기울이게 한다. 또 신체의 긴장감을 인지하게 함으로써 불안에 대한 '초기 경계 신호'로 사용하는 것을 가능하게 하며, 순간적인 상황에서 주는 스트레스에 대한 적극적인 대처를 통해 긴장을 방출할 수 있도록 한다. 한편으로는 자신의 신체에 대한 통제감을 경험하는 데 도움이 된다.

활동 방법

1 양철 로봇과 곰돌이 인형이 어떻게 걷는지 흉내를 내보도록 함으로써 온몸에 힘을 주었다가 이완하는 방법을 몸에 익힐 수 있도록 한다.
2 먼저 딱딱하고 녹슨 로봇을 상상하게 하고 흉내 낼 때 몸이 경직된 상태로 팔과 목을 최대한 붙이고 뻣뻣하게 걸어보게 한다.
3 푹신하고 부드러운 곰돌이 인형은 어떻게 걸을지 상상하게 한 다음, 힘을 풀고 편하게 걸어보게 한다. 이때, 호루라기처럼 어느 신호에 맞춰서 움직이게 해보는 것도 좋다.

앞서 보았던 〈로봇과 곰돌이〉는 대근육을 이완할 수 있는 방법이었다면, 이번 활동은 소근육을 통한 이완 방법으로써 손에 힘을 주었다가 빼는 방법을 반복하여 몸의 긴장을 방출할 수 있게 한다. 부모와 아이가 함께 만든다면 하나의 애착 대상물로도 작용할 수 있다. 경계선 지능 아동이 긴장되는 상황에서 애착 대상을 떠오르게 하여 정서적인 안정감을 느끼게 할 수도 있고, 온전히 손에서 느껴지는 부드러운 감각에 집중함으로써 반추적 사고를 멈추게 할 수도 있다.

활동 방법

1 평소 못 쓰는 아이 양말(어른 양말은 제외)에 솜을 가득 넣어 준다.
2 머리 모양을 대략 나눈 다음 고무줄이나 밴드로 고정해준다.
3 얼굴에는 다양한 표정을 그려 넣어준다.
4 인형을 손에 쥐었다 폈다 하면서 이완을 경험하게 한다.

영화 〈해리포터〉 시리즈 속 보거트는 옷장 속에 있는 괴물로 형태가 없다. 그러다 옷장 문을 열면 자신이 가장 무서워하는 대상으로 변신한다. 영화 속에서는 이 괴물을 물리치는 마법으로 자신이 생각하는 가장 웃긴 장면을 떠오르게 한다. 불안이나 무서움과 같은 감정을 전환시킬 수 있는 가장 좋은 방법은 '유머'다. 실제로 사소한 유머와 웃음이 불안감을 감소시켜주는 경험을 누구나 한 번쯤은 해봤을 것이다. 경계선 지능 아동도 불안한 순간, 웃긴 장면을 떠올리는 활동을 통해 불안감을 극복할 수 있다.

활동 방법

1 아래의 옷장을 오려 흰 종이에 붙여두고, 옷장을 열 수 있도록 만든다.
2 아동에게 가장 웃긴 장면을 하나 떠오르게 한 후, 옷장 속에 그림을 그려 넣도록 한다.
3 이 옷장을 붙여둔 후 사용해도 좋고, 혹은 불안한 상황에서 옷장을 열고 웃긴 장면이 떠오르게 할 수도 있다.

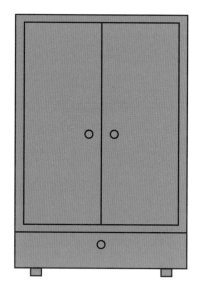

* 해당 이미지는 직접 오려서 활용할 수 있도록 부록(p.203)에도 첨부했습니다.

경계선 지능 아동과 분노

사고의 특성

쉽게 화를 폭발하는 아동은 타인의 잘못이나 의도를 '과대 해석'하거나, 자신의 잘못이 아닌 다른 사람, 다른 것 '때문에'라고 생각하는 경우가 많다.

예시

경계선 지능 아동이 레고 블록을 열심히 만들고 있다. 옆에 있던 어린 동생이 재미있어 보여 블록 한 조각을 만지려다 일부를 망가뜨렸다. 아동은 소리를 지르며 동생을 때렸다. 엄마가 곧장 달려가 아이를 제지했지만, 아동은 더 씩씩거리며 쉽사리 화를 가라앉히지 못한다. 아동은 동생이 '일부러 자신의 레고를 망가뜨렸으며, 항상 자신을 쫓아다니며 괴롭힌다'고 생각한다. 또 부모의 태도를 보고 잘못한 동생을 혼내지 않고 자신만 혼났다고 억울해하거나, 동생을 때린 자신의 행동은 정당하며 '동생 때문에' 그렇게 행동한 것이라고 변명을 반복한다. 학교에서도 자신이 지나갈 때 소곤거리며 웃는 친구들에게 욕설을 퍼붓고 '자신을 비웃었다'고 하고 '쟤들이 먼저 그랬다'라고 호소한다.

분노 조절이 어려운 아동은 본인이 항상 억울하다고 생각하는 등 타인의 잘못이나 의도를 '과대 해석'하거나, 타인 '때문에'라고 사고하는 경향이 있다. 이러한 사고는 아동의 분노를 더 커다랗고 강력하게 분출하는 데 영향을 미친다. 즉 공격적인 행동이 나타날 가능성이 커지는 것이다. '화'라는 감정을 가지는 건 좋고 나쁨을 떠나 순수한 감정을 느끼는 거지만, 쉽게 화가 나서 공격적으로 행동하는 것은 문제가 된다.

부정적인 생각은 부정적인 행동으로 이어질 가능성이 높기 때문에 분노 조절이 어려운 경계선 지능 아동의 분노를 다루기 위해서는 분노를 유발하는 생각을 다스릴 줄 알아야 한다. 이를 위해 먼저 알아야 할 부분은 '자신의 분노에 대해 아는 것'이다. 분노가 무엇인지, 왜 생기는지, 어떻게 표출되는지, 분노와 나의 관계가 어떤지를 알게 되면 아동은 분노를 보는 새로운 방법을 배우게 된다. '분노'는 누구나 자연스럽게 생기는 감정이라 이런 감정을 느끼는 게 잘못된 것이 아니다. 단지 분노를 어떻게 표출하느냐에 따라 건강하게 혹은 심각한 문제로 구분되는 것이다.

분노에 대한 새로운 시각을 갖기 시작했다면, 자신이 어떤 상황에서 분노가 생기고 조절하기 어려운지, 자신의 몸은 어떻게 변하는지, 분노의 세기에 따라 자신의 행동이 어떻게 달라지는지를 차례로 살펴봐야 한다. 이러한 과정들은 분노를 관리하는 기술을 발휘하는 데 매우 중요한 요소가 된다. 그 후에는 분노를 일으키는 생각이 무엇인지 탐색하고 그 생각이 합리적인지, 정확한지 점검해 보도록 한다. 이때 아동은 자신이 그동안 부정적인 생각을 많이 해왔으며, 타인에 대해 과대 해석해 왔음을 알게 된다.

이를 알게 되면 문제의 원인이 타인에게 있는 것만은 아니라는 것 또한 알게 되며, 타인이 원인 제공을 할지라도 '내가 건강하게 대처할 수 있다'는 것도 깨닫게 된다. 무엇보다 건강하게 생각하는 법을 배우고 나면 분노를 조절하지 않아도, 분노 자체가 생기지 않을 수도 있다는 놀라운 경험을 할 수 있다. 따라서 아동은 분노가 올라오더라도 그 결과를 미리 예측할 수 있으며, 자신의 분노의 강도를 조절할 수 있게 된다.

정서적 특성

경계선 지능 아동들은 분노 조절이 어려워 폭력의 가해자가 되기도 하고, 반대로 폭력의 피해자가 되기도 한다. 학대와 같은 폭력에 노출되는 환경의 영향을 배제하고서도 경계선 지능 아동의 분노 조절 문제의 원인에는 여러 가지가 있다. 분노 조절 문제의 몇 가지 원인을 살펴보면 다음과 같다.

첫째, 낮은 인지 기능으로 인한 것이다.

경계선 지능 아동은 느린 학습 능력과 저조한 학업성취, 적응 능력의 부족으로 실패를 반복하게 되고 이로 인해 심리적으로 열등감, 우울, 분노와 같은 부정적 정서를 갖게 되는 경우가 많다. 잦은 실수와 실패의 경험은 학습이나 새로운 과제를 습득해야 할 상황에서 불안해하거나, 회피하게 만든다. 그럼에도 타의에 의해 강압적으로 과제를 수행해야 할 때 아동은 쉽게 산만해지고 충동적으로 행동하게 되며 때로는 분노, 공격성을 표출하게 된다.

또한 낮은 인지 기능은 사회적 상황에 대한 정확한 판단을 방해하므로 아동은 상황이나 상대방의 의도를 오해하여 결국 분노를 표출하기도 한다. 순수하게 과제를 다 했는지 묻는 상대방의 의도를 '그것도 못 하냐?'라는 무시의 태도로 받아들이기도 한다. 본인을 제외한 구성원 모두가 과제를 마친 경우 자신에게만 충분한 시간을 주지 않았고, 모두가 자신을 괴롭힌다고 생각하기도 한다. 이러한 오해가 반복될 때 아동은 억울함과 분노가 차곡차곡 쌓여 나중에는 '별일도 아닌 것에 화를 내는 아동'으로 인식되기 쉽다.

둘째, 자신의 생각과 감정을 언어로 표현하는 능력이 부족한 데서 분노가 시작된다.

경계선 지능 아동은 자기 생각과 감정을 타인에게 논리적으로 혹은 조리 있게 표현하고 전달하는 데 미숙하다. 적절히 표현하지 못한 데서 오는 불합리한 결과를 볼 때 아동은 또다시 분노하게 된다. 예를 들어, 어떤 아이에게 밀려 본의 아니게 한 친구와 부딪쳤는데, 몸을 부딪친 친구는 선생님에게 아동이 자신을 때렸다고 이른다. 그러나 아동은 자신이 일부러 그런 게 아니라는 것을 정확히 설명하지 못하고 선생님께 혼이 나고 만다. 이와 같은 상황에서 아동은 억울함과 답답함을 느끼며 결국 화를 폭발하게 되는 것이다.

셋째, 또래로부터 소외되거나 따돌림, 무시를 당한 경험으로 인한 것이다.

경계선 지능 아동은 사회적 상황에서 맥락에 맞게 상황을 파악하고 대처하는 능력이 부족한데, 이런 서툰 행동이 또래로부터 거부당하거나 괴롭힘의 대상이 되기도 한다. 친구와 좋은 관계를 형성하고 싶은 욕구는 높지만, 반복되는 거절과 소외, 괴롭힘은 아동에게 실망과 좌절감을 가져올 뿐만 아니라 화, 분노의 감정을 조절하는 것을 배울 기회를 놓치게 한다. 때로는 사회 경험의 부족으로 상대방의 의도를 잘못 파악하기도 하는데, 이들은 친밀감의 표시로 한 가벼운 장난을 괴롭힘으로 인식하여 무조건 참거나, 갑자기 폭발하는 듯한 행동을 하게 되는 경우도 있다.

이러한 원인으로 경계선 지능 아동은 자신의 감정을 조절하지 못해 화를 분출하며, 공격적인 행동을 반복하는 것은 사회관계 형성을 또다시 방해하여 악순환이 지속된다. 누구나 자신의 감정을 건강하게 표현하는 방법을 배울 때 비로소 안정감을 느끼며, 주변 사람과 환경으로부터 신뢰감과 편안함을 얻는다.

자신의 생각과 감정을 스스로 조절하는 힘을 가져야 자신감을 얻고 세상에 대처할 수 있다. 그러나 부정적인 감정을 폭발하는 아동들은 불안 요소를 떠안은 채 두려움과 분노로 중요한 시기를 보내게 될 수도 있다. 또한 자신의 생각과 감정을 이해하는 것과 생각과 감정, 행동을 조절하는 능력을 습득하는 것을 방해한다. 결국 자신의 감정을 조절하지 못함으로 불만이 가득한, 사회에서 부적응적인 성인으로 성장하게 될 가능성이 있다.

모든 경계선 지능 아동이 분노 조절에 어려움이 있는 것은 아니다. 다만 분노 조절이 어려운 경계선 지능 아동이 자기 생각과 감정, 행동을 스스로 통제하고 조절할 수 있도록 중재하는 것은 아동에게 현재의 안정감과 행복감을 제공하는 동시에 건강한 미래를 제공한다는 점에서 매우 중요하다.

행동적 특성

분노 조절이 어려운 경계선 지능 아동은 평소 짜증을 많이 내고 쉽게 성질을 부리며, 타인의 말을 잘 듣지 않고 고집을 부리곤 한다. 이들은 지시를 잘 따르지 않으며 반항하거나 때로는 손발을 거세게 사용하여 공격성을 표출하기도 한다. 자주 앙심을 품으며 자기 잘못을 다른 사람의 탓으로 돌리는 행동도 쉽게 발견할 수 있다. 뿐만 아니라 이 아동들은 좌절에 대한 인내력이 매우 낮고, 만족을 지연시키지 못하며, 조금만 건드려도 화를 내고 따진다. 한마디로 참을성이 없다. 이런 태도로 인해 부모나 교사는 아이가 '속을 뒤집어 놓는다'고 하소연하는데, 아동은 여전히 '내가 왜 그걸 해야 하는데?'라고 말하며 또다시 상대방을 자극한다.

화를 잘 조절하지 못하는 아동 중 일부는 거짓말을 하고도 죄책감을 느끼지 않으며, 상대방을 일부러 괴롭히기도 하고, 심하게는 기물을 파손하기도 한다. 이처럼 자신의 분노를 조절하지 못하는 경우를 **간헐적 폭발성 장애**라고 부른다. 이들 중 일부는 ADHD로, 일부는 품행장애로, 일부는 적대적 반항 장애라는 원치 않는 진단을 받기도 한다. 무엇보다 자기 스스로 '문제아'라고 명명하기도 한다.

분노 조절이 어려운 아동은 사회적 상황에서 조망 수용 능력이 부족해 전체적인 상황을 보지 못하고 자기중심적으로 행동하는 경우가 많다. 또래와 놀고 싶지만 친구를 놀리거나, 장난을 치며 괴롭히는 방법으로 다가간다. 이로 인해 또래와 어울리거나 좋은 관계를 유지하는 것이 어렵고, 관계를 맺다가도 다툼이 잦아지며 점점 더 공격적인 행동을 일삼는다. 따라서 아동에게 분노의 개념을 가르치고, 분노를 유발하는 사고를 찾게 한 다음, 본격적으로 분노를 다스리는 기술을 습득하는 것은 매우 중요하다. 아동은 분노가 밀려올 때 자신의 몸을 이완하는 것으로도 감정이 조절된다는 사실을 배울 수 있다. 또한 자신이 화를 내는 이유와 그 의미를 이해함으로써 분노를 공격적으로 표출하는 대신, 자신이 원하는 것을 건강하게 표현하는 방법을 배울 수 있다.

분노를 폭발적으로 표현했을 때 자신이 원하는 것을 얻을 수 없다는 사실을 알게 된다면, 아동은 화가 나기 시작했을 때 짜증을 내는 대신에 할 수 있는 일들을 미리 알아두고 연습할 수 있다. 더 현명하게 자신의 행동을 조절할 수 있다는 것을 확인할 수 있다. 이러한 과정을 통해 분노를 조절함으로써, 아동은 자신이 아끼고 사랑하는 사람들과 더 좋은 관계를 유지할 수 있음을 깨닫게 될 것이다.

경계선 지능 아동의 분노 조절 프로그램

분노 조절이 어려운 아동을 위해서 먼저 자신의 생각과 감정을 파악하여 분노 감정이 생기는 과정과 상황을 이해하도록 돕고, 부정적이고 부적응적인 사고를 찾아 적응적인 사고로 바꿀 수 있도록 해야 한다. 나아가 아동이 분노 감정을 다룰 수 있도록 도와야 한다. 또한 아동이 다양한 감정 조절 기술을 습득하여 자신을 스스로 통제·관리하며 적응적으로 행동할 수 있도록 도울 수 있다. 아래의 활동들은 이런 관점을 토대로 분노 조절이 어려운 경계선 지능 아동들에게 도움이 될 수 있는 것들을 몇 가지 소개한 것이다.

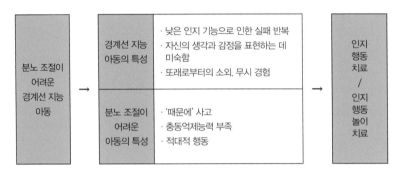

| 인지
행동
치료
/
인지
행동
놀이
치료 | 분노에 대한 교육,
과대해석,
'때문에'
사고 다루기 | · 분노에 대해 알아가기
· 나의 분노 파악하기: 몸
· 나의 분노 파악하기: 감정
· 분노를 일으키는 생각 바꾸기
· 분노 조절의 결과 알기 |
| | 적대적 행동
다루기 | · 편안한 몸 만들기
· 다정하게 말하기
· 상황 파악하기
· 분노 표현하기
· 현명하게 선택하기 |

분노에 대해 알아가기

화, 분노라는 감정은 나쁜 것이 아니다. 기쁨, 슬픔, 무서움, 창피함과 같이 자연스럽게 느끼는 감정이다. 화, 분노가 났을 때 우리가 어떻게 행동하는가에 따라 건강한 행동, 건강하지 못한 행동으로 평가된다. 우리가 명심해야 할 것은 '화가 날 때는 분명한 이유가 있다'는 것과 '화가 났을 때도 나의 행동을 조절할 수 있다'는 것이다. 이 활동은 분노의 감정을 의인화하여 아동과 분노를 분리해서 바라볼 수 있도록 한다. 자신과 분노를 분리해서 생각할 때 자신이 어떤 상황에서 분노를 폭발하는지, 어떻게 분노를 조절할 수 있는지, 분노 폭발의 결과는 어떤지 판단할 수 있다.

활동 방법

1 아래 표를 복사하여 한 칸씩 자른 뒤 두 번씩 접어 섞어둔다.
2 아동과 함께 카드를 뽑아 질문에 대한 답변을 해본다.
3 아동이 자신의 분노 행동에 표현할 때 부모, 교사는 경청하고, 아동의 표현을 수용해주고, 적극적으로 이해해준다.
4 평가하거나 지적하지 않도록 유의하면서 아동이 분노 폭발의 결과, 다르게 해볼 수 있는 것들을 생각해볼 수 있도록 돕는다.

나의 분노는 어떻게 생겼나요? 그림으로 표현해보세요!	나의 분노는 어떤 냄새가 날까요?	나의 분노는 어떤 소리가 날까요?
나의 분노는 어떤 색깔일까요?	나의 분노와 닮은 캐릭터는 누구일까요? 만화, 게임, 영화, 책에서 나온 캐릭터 중에서 찾아보세요.	나의 분노는 어떤 상황에서 모습을 나타내나요?
나의 분노는 어떤 상황에서 다시 사라지나요?	나의 분노를 통제하기 힘들었던 때는 언제인가요?	어떤 상황에서 나는 분노를 사라지게 할 수 있었나요?
나와 분노가 함께 있는 것을 보면 가족들은 어떻게 생각할까요?	나와 분노가 함께 있는 것을 보면 친구들과 선생님은 어떻게 생각할까요?	분노가 나타났다가 사라지면 나는 무엇을 생각하나요?

* 해당 이미지는 직접 오려서 활용할 수 있도록 부록(p.205)에도 첨부했습니다.

나의 분노 파악하기: 몸

분노가 심하게 올라올 때 자신의 몸 상태를 알아차리는 것은 중요하다. 상황에 몰두한 아동은 자신이 미처 화가 났다는 것을 인식하지 못할 때가 많다. 자신도 모르게 언성을 높이니 상대 방은 왜 소리를 지르냐고 지적한다. 자신은 목소리가 커진 줄 몰랐는데, 이런 지적을 받으면 더 심하게 화가 난다. 그러나 자신의 목소리가 점점 커지고 있다는 것, 가슴에서 불이 올라오고 있다는 것을 감지할 수 있다면 아동은 자신의 행동을 조절할 가능성이 커진다.

활동 방법

1 다음 그림을 함께 보며 아동에게 화가 심하게 났던 장면을 스스로 떠올리게 한 다음, 아래 질문을 제시해보자.

- · 그때 나는 내 몸 어디에서 화가 났다는 것을 알았나요? 그 부분에 색칠해보세요.
- · 화가 나서 소리를 질렀을 때 나의 몸은 무엇을 느꼈을까요? 어떤 부분에서 그것을 느꼈을까요? 그 부분에 색칠해보세요.
- · 화가 났을 때 나의 머리와 얼굴, 목은 어떤 느낌이었을까요? 그림에 표시해보고 말해보세요.
- · 화가 났을 때 나의 가슴과 손, 배는 어떤 느낌이었을까요? 그림에 표시해보고 말해보세요.
- · 화가 났을 때 나의 발과 다리는 어떤 느낌이었을까요? 그림에 표시해보고 말해보세요.
- · 화가 가라앉은 후 내 몸은 어떻게 달라졌을까요? 어떤 부분에서 그것을 느꼈을까요? 그 부분에 색칠해보세요.

2 아동이 표현한 것에 대해 함께 대화를 나눈다.

3 마지막으로 화가 났을 때 자신의 몸의 변화를 알아차리는 것은 자신에게 어떤 도움이 될 수 있는지 이야기해본다.

몸이 느끼는 감각/증상들

· 가슴 답답함	· 두근거림	· 속에서 불이 나는 느낌
· 호흡이 가빠짐	· 어지러움	· 얼굴이 빨개짐
· 심장 박동이 빨라짐	· 열이 남	· 멍해짐
· 힘이 빠짐	· 더워지거나 달아오름	· 정지되는 느낌
· 손발이 떨림	· 속이 메스꺼움	· 얼얼함

나의 분노 파악하기: 감정

자신의 감정을 알아차리면 분노가 폭발하기 전 미리 자신의 상태를 파악하여 조절할 수 있게 된다. 아동들은 화가 심하게 난 상황에서의 감정을 '짜증'이라고 표현하는 경우가 많은데, 짜증은 귀찮아서, 우울해서, 불안해서 등 여러 가지 이유가 있을 수 있어서 적합한 감정 표현은 아니다. 아동이 자신의 감정을 정확하게 인지할 수 있도록 다양한 감정 언어를 아는 것이 중요하다. 또한 감정의 강도를 파악하는 것도 필수다. 화가 머리끝까지 난 상태는 이미 통제할 수 없는 상황이다. 그러나 적거나 중간 정도의 화는 참고 조절할 수 있다.

활동 방법

1. 아동이 어떤 상황에서 화가 났는지 우선 상황을 기록하게 한다. 아동이 나열한 상황만 봐도 주로 어떤 상황에서 화를 폭발하는지 살펴볼 수 있다.
2. 감정의 강도를 불의 개수로 표현하도록 한다. 화가 아주 조금 났다면 불의 개수는 1개이며, 머리끝까지 났다면 100개로 나타낸다.
3. 무엇을 보고 자신이 화가 났다는 것을 알아차릴 수 있었는지도 기록하게 한다.
4. 각각의 상황을 다시 살펴보고 가장 화가 크게 난 상황을 파악해본다.
5. 자신이 통제할 수 있는 분노 점수는 몇 점인지 표시해 보도록 한다.

화가 났던 상황	화가 난 정도	화를 알아챈 신체적 단서
예) 동생이 나를 방해했을 때	85개	가슴에서 불꽃이 올라옴.

∨ 화가 난 정도를 아래 점수표에 번호대로 표시해보세요!

∨ 언제 가장 화가 났나요?

∨ 나의 분노를 몇 점까지는 참을 수 있을까요?

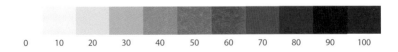

| 0 | 10 | 20 | 30 | 40 | 50 | 60 | 70 | 80 | 90 | 100 |

분노를 일으키는 생각 바꾸기

아동들은 대개 상대방의 의도를 고려하지 않고 일부러 자신을 괴롭힌다고 생각한다. 자신을
'무시했다, 자신을 놀렸다, 괴롭혔다' 등의 이것저것 핑계가 많을 수 있다. 이러한 과대해석은
아동으로 하여금 화를 폭발하게 만든다. 아동이 상황을 좀 더 정확하게 판단한다면 스스로 화
의 강도를 조절할 수 있다. 예를 들어, 동생이 일부러 자신의 레고를 망쳤다고 생각한다면 분
노가 올라오지만, 실수로 그랬다면 주의를 주고 끝낼 수 있다.

실제로 상대방이 일부러 그렇게 행동했다는 증거는 없다. 일부러 그렇게 했다는 것은 사실이
아닐 수도 있다. 이 활동은 상대방이 '일부러' 그랬을 가능성을 생각해보면서 다른 일로 이 일
이 발생했을 수 있음을 보게 한다. 또한 상대방의 의도를 알았든 몰랐든 우리는 건강하게 생
각하고 건강하게 대처할 수 있다는 것을 배울 수 있다.

활동 방법

1 아래의 표를 보면서 우선 화가 나는 상황들을 이야기 나누고, 아동에게 자신을 화나게 했
   던 생각들을 기록해보게 한다.

2 그 생각을 믿는 정도를 0~100까지의 점수로 기록하게 하며, '상대방은 그 행동을 일부러
   (고의로) 했을까요, 실수로(우연히) 했을까요?'라고 질문한다. 아동이 생각하는 것이 일부러
   했다면 일부러 칸에, 실수로 했다면 실수로 칸에 동그라미 표시를 하게 한다.

3 '일부러 혹은 실수로 했을 가능성은 몇 %일까요?', '일부러 했다는 증거는 무엇인가요?',
   '상대방이 그렇게 한 또 다른 이유는 없었을까요?'라는 질문에 서로의 의견을 솔직하게 나
   눠본다.

화나게 만든 생각	믿는 정도	일부러 (고의로)	실수로 (우연히)	일부러 가능성
예) 또, 또 일부러 나를 괴롭히네!	83점	O		50%

분노 조절의 결과 알기

분노를 공격적으로 폭발했을 때 결과는 아동이 원하던 것이 아니다. 분노의 결과를 아는 것,
분노 조절의 결과를 아는 것은 아동이 자신의 생각, 감정, 행동을 조절할 수 있도록 돕는다.
활동하기 전 아동은 '나의 분노를 조절할 수 있다', '내가 건강하게 분노를 조절한다면 나는 마
음이 편해지고, 사람들은 나를 신뢰하며, 내가 원하던 방향으로 나 자신을 이끌 수 있다'라고
말해 볼 수 있다. 말한 것은 그렇게 시행할 가능성을 높인다. 또한 긍정적인 결과를 머릿속에
담아두면 긍정적인 행동을 할 가능성이 커진다.

활동 방법

1 아래 그림을 보고 공격적으로 분노를 표출했을 때의 결과와 건강하게 분노를 해결했을 때
의 결과를 비교해보도록 한다.

2 바로 위에서 외친 말을 다시 한번 반복하여 외치도록 한다.

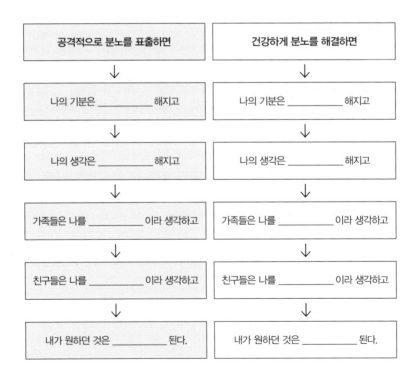

편안한 몸 만들기

아래의 활동들은 아동이 자신의 몸을 이완시켜 자신의 행동을 조절하도록 돕는다. 평소에 다양한 이완 방법을 연습해두었다가, 실제로 아동이 화가 나는 상황에서 이 훈련을 적용해볼 수 있다. 다시 말하지만, 화가 머리끝까지 올라왔을 때는 이완하기 어렵다. 자신이 조절할 수 있는 점수 아래에서(예: 65점 이하) 적용해볼 수 있는 활동이다. 따라서 아동이 자신의 감정과 감정의 강도를 파악할 수 있는 것이 중요하다.

심호흡하기

· 자세를 똑바로 하고 편안하게 앉으세요.

· 앞을 바라보고 입을 다물고 어깨에 힘을 빼세요.

· 5초 동안 코로 숨을 천천히 들이마십니다. 숨이 끊어지지 않도록 천천히 들이마셔 보세요.

· 3초 동안 잠시 숨을 멈추세요.

· 이제는 6초 동안 아주 천천히 아주 천천히 숨을 내쉽니다.

　숨을 내쉴 때는 입으로 '후~' 소리가 살짝 들리도록 천천히 내쉽니다.

　한 번에 몰아서 내쉬는 것이 아니라 6초에 나누어 천천히 내쉽니다.

· 이 행동을 5번 연속으로 합니다.

· 나의 어깨는 더 편안해지고, 나의 표정은 더 따뜻해집니다.

· 이렇게 나는 감정을 조절할 수 있습니다.

심장

· 자세를 편안하게 하고 한쪽 손을 가슴 위에 얹습니다.

· 손을 가슴 위에 얹은 채로 심호흡을 해봅니다.

· 심호흡하는 동안 나의 심장을 머릿속에 떠올려봅니다.

· 쿵쾅쿵쾅 심장이 움직이는 소리를 상상해봅니다.

· 이제는 심장이 건강한 혈액을 나의 온몸에 뿜는 장면을 떠올려 보세요.

· 쿵쾅거리는 심장의 움직임이 혈액이 나의 온몸으로 건강하게 이동합니다.

· 쿵쾅거리는 심장의 움직임이 혈액과 함께 건강한 에너지를 나의 몸속에 퍼뜨립니다.

· 나의 몸속에는 건강한 심장과 건강한 폐와 건강한 뇌가 있습니다.

　건강한 에너지를 가진 나는 건강하게 나의 감정을 조절할 수 있습니다.

초점 확장하기

· 내 앞에 보이는 물건 중 한 가지를 선택해서 그것을 바라보세요.

· 그 물건을 집중하여 바라보느라 눈동자는 움직이지 않습니다.

· 서서히 그 물건 옆으로 시야를 확장합니다. 눈동자나 고개는 움직이지 않습니다.
  물건 가까이에는 무엇이 있는지 바라봅니다.

· 점점 더 시야를 확장해 그 물건의 위, 아래, 왼쪽, 오른쪽에 무엇이 있는지 인식합니다.

· 나는 나의 분노에 초점을 두지 않고 앞에 있는 사물에 초점을 두고 시야를 확장함으로 감정을
  조절할 수 있습니다.

공주고 받기

· 잠시 눈을 감습니다.

· 나의 왼손에는 작은 공이 쥐어져 있다고 상상하세요.

· 나는 작은 공을 살짝 던져 오른손이 공을 받도록 할 거예요. 이렇게 계속 상상합니다.

· 이번에는 반대로 오른손에 있는 공을 던지고 왼손으로 가볍게 받습니다.

· 이렇게 공을 살짝 던져 오른손, 왼손 번갈아 가며 주고받습니다.

· 이렇게 나는 공이 없어도 공놀이에 집중할 수 있습니다.

· 공주고 받기를 하는 동안 나의 호흡은 편안해집니다.

· 이렇게 나는 나의 화난 마음을 조절할 수 있습니다.

다정하게 말하기

같은 상황에서도 사람들은 각기 다른 생각과 다른 감정을 가질 수 있다. 그러나 어쩌면 그들도 내가 처한 입장이 됐을 때, 내가 느꼈던 감정을 똑같이 느끼고 있을지도 모른다. 나는 내 기분만 생각하고 있지는 않았을까? 화가 났을 때 침착하게 말하기가 쉽지 않다. 그러나 지금 이 순간은 화가 난 상태가 아니니, 연습해볼 수 있음을 아동에게 상기시킨다. 다정하게 말하기를 반복하여 연습하면, 우리는 정말 화가 났을 때도 침착하게 내 생각과 기분을 상대방에게 전달할 수 있다. 그렇게 된다면 우리는 더 편안하게 문제를 해결할 수 있다.

다음과 같은 상황에서 상대방은 어떤 감정을 느낄지 상상해 보세요.

> **엄마는 설거지를 하다가
> 동생을 때리는 나를 보았다.**
>
> · 엄마는 어떤 기분을 느꼈을까?
> · 엄마는 무엇을 원할까?

> **동생은 나와 놀고 싶어서 내 옆에 와
> 나를 툭툭 치다가 나에게 맞았다.**
>
> · 동생은 어떤 기분을 느꼈을까?
> · 동생은 무엇을 원할까?

> **친구가 지나가다 실수로 나와 부딪쳤는데
> 나에게 욕을 먹었다.**
>
> · 친구는 어떤 기분을 느꼈을까?
> · 친구는 무엇을 원할까?

> **계단을 뛰어 내려가다가 전에
> 나와 싸웠던 친구와 마주쳤다.**
>
> · 친구는 어떤 기분을 느꼈을까?
> · 친구는 무엇을 원할까?

다음과 같은 상황에서 큰 소리로 화를 내거나 공격적인 행동 말고, 어떻게 말할 수 있을지 생각해보세요. 나는 상대방에게 더 차분하게 혹은 친절하게 혹은 다정하게 말할 수 있을까요?

열심히 숙제를 하려고 하는데 엄마가 "또 딴 짓하고 집중 안 하니?" 라고 말씀하셨다.	→	
친구에게 뭘 물어보려고 톡톡 쳤는데 친구가 나를 확 째려보았다.	→	

보드게임을 하는데 내가 연속으로 졌다. 친구는 자신이 이겼다며 좋아한다.	→
형이 팍 소리가 날 정도로 나를 때리고 갔다.	→
한 친구가 나에게 "너는 그것도 모르냐?"라고 말했다.	→

아동이 화가 났던 상황을 정확히 파악하고 인식하는 것, 자신이 어떤 상태였는지 되돌아보는 것, 그리고 조금 더 천천히 그 상황을 생각해본다면 그렇게까지 화를 폭발하지 않아도 된다는 걸 알게 된다. 그러나 아동이 "화를 낸 사실은 이미 지나가 버린 상황인데, 어떻게 바꿀 수 있나요?"라고 반문할 수도 있다. 하지만 상황을 파악하는 연습은 아동이 타인에 대해 가진 과대 해석 때문이라는 부적응적인 사고를 변화시켜주는 계기가 될 수 있다. 따라서 다시 비슷한 일을 겪을 때 화가 나는 감정 또한 변할 수 있다. 적어도 공격적으로 화를 분출하는 대신, 화를 건강한 표현으로 대체할 수 있게 된다.

활동 방법

1 아래의 질문을 통해 아동이 겪은 상황을 탐색해본다.
2 화를 폭발했던 사건 하나를 떠올려보고, 화를 폭발하기 직전에 어떤 상황이 있었는지 다시 점검해보도록 한다.

무슨 일이 있었는가?		왜 그 일이 생겼는가?		이 일이 생기기 전에는 어떤 일이 있었나?
	무엇 때문에 이렇게 되었나?		친구는 어떤 표정을 짓고 있나?	
친구는 왜 그렇게 했을까?		**나**		다른 사람들의 표정은 어떠한가?
	사람들의 기분은 어떠한가?		사람들은 무슨 생각을 하고 있을까?	
사람들은 무엇을 바라고 있을까?		지금 내가 무엇을 하면 좋을까?		어떻게 하는 것이 더 좋을까?

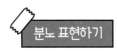

분노 표현하기

이 활동은 아동이 화가 났을 때 해볼 수 있는 것들을 최대한 많이 나열해서 그중 가장 효과적인 방법을 선택하도록 돕는다. 이때 아동은 화가 나는 감정이 문제가 아니라, 화를 어떻게 내는가에 따라 문제가 될 수도, 건강하게 표현한 것일 수도 있음을 알아야 한다.

활동 방법

1 아동에게 직접 화가 났을 때 할 수 있는 것들을 아래의 구름 안에 기록하게 한다. 소리 지르기, 코 크게 풀기, 심호흡하기, 상대방 때리기, 어른에게 이르기 등 생각나는 것은 모두 기록한다. 엉뚱해 보이는 것들, 문제가 될 수 있는 것들도 포함할 수 있다.

2 기록한 것들을 한 가지씩 평가해본다. 이 중에서 진짜로 해봤을 때 좋지 않은 결과가 생길 것 같은 일들에 ×를 표시하고, 좋은 결과가 있을 것 같은 일에는 ○를 표시한다.

3 ○를 표시한 것 중 해볼 만한 것 3가지를 결정하고, 다음번에 해보겠다고 다짐한다. 부모와 교사는 일상생활에서 아동이 실제로 기록한 건강한 방법을 시행해보는지 관찰했다가, 발견하면 바로 칭찬하고 지지해준다. 아동은 이 활동을 통해 분노라는 감정을 조절하는 데 성공했다고 경험하게 된다.

현명하게 선택하기

이 활동은 앞의 활동들과 비슷하지만, 분노가 올라올 때 해볼 수 있는 다양한 행동을 먼저 제시해준다. 아동은 선택하고 실천하기만 하면 된다. 너무 화가 난 상태에서 기분이 좋아지기 위해 선택할 수 있는 방법은 매우 많다. 내 감정을 조절하기 위해서는 어떤 선택을 하는 게 좋을지 생각해보자.

도움을 요청하기	이완 훈련하기	유머로 대처하기	상대방의 표정 생각해보기	내가 느낀 감정을 말해주기
내 분노의 세기/강도를 파악하기	기분이 좋지 않은 원인을 파악하기	용서하기	다른 곳 쳐다보기	내가 원하는 것을 생각해보기
잠시 산책하고 오기	내 생각을 말로 전달하기	기분이 나아지기 위해 내가 선택한 방법은?	잠시 혼자 있기	앉아서 숫자 10까지 세기
포옹해 달라고 하기	가슴을 두드리기	음악 듣기	결과를 생각하기	이해해주기
상대방의 의도를 생각해보기	손 씻기	나에게 토닥토닥해주기	손에 힘줬다 빼기	숨 고르기

경계선 지능 아동과 산만함

조직화하기 및 실행기능

ADHD 성향을 가진 경계선 지능 아동은 과제에 쉽게 압도된다. 자신이 충분히 해낼 수 있는 일임에도 불구하고 자신의 능력을 과소평가하거나, 과제 그 자체를 압도적으로 생각하는 경우가 많다. 실패를 반복했던 경험 때문에 자신은 못 할 거라고 쉽게 단정 짓기 때문이다. 과제 앞에서 아동들은 곧 '나는 해낼 수 없다', '너무 힘든 일이다', '할 게 너무 많다', '또 실패할 것이다'라는 생각에 빠져든다. 부정적인 생각이 머릿속에 가득 찬 아동은 곧 과제 피하기, 미루기, 딴짓하기, 화내기, 불안해하기 등 소위 문제라고 불리는 행동을 나타내기 시작한다.

① 조직화하기

조직화하기는 제공된 정보를 빠르게 판단하여 비교, 분류, 분석, 순서화하는 능력을 말한다. 자신도 모르게 포기하게 만드는 문제를 논리적, 단계적으로 접근하여 과제를 완성할 수 있도록 돕는다. 이 능력이 발달한 아동은 복잡한 정보를 세부적으로 나눌 수 있게 되며, 과제에 대한 이해도가 높아진다. 세분화된 시각은 해볼 만하다는 '용기'와 실제로 해낼 수 있는 '기회'를 제공해준다.

② 실행기능

실행기능은 우리가 어떤 목표를 달성하기 위해 언어능력, 기억력, 주의집중력, 계획능력, 자기조절 능력, 순차적 처리능력 등의 인지능력을 상황에 맞게 조절·관리하는 능력을 말한다.

예시

1 내일까지 해야 할 숙제가 있을 때, 아동은 스스로 과제가 있다는 사실을 기억해야 한다.

2 과제를 언제, 어디서, 무엇을 한 다음에 할지, 얼마나 걸릴지를 조율하여 계획한 시간에 시작해야 한다.

3 과제를 시작할 때 필요한 준비물을 미리 생각해두고, 효율적인 진행과정을 머릿속에 순차적으로 담아두어야 한다.

4 과제를 하는 동안 집중력을 발휘할 수 있어야 하며, 무엇인가를 빠뜨리거나 실수했을 때 스스로 그것을 알아차려 과제를 온전히 마칠 수 있어야 한다.

5 이 모든 과정을 발휘한 아동은 '숙제 완성'이라는 목표를 달성하게 되며, 이때 자신의 인지능력을 발휘하여 과제를 완성하는 능력이 실행기능이다.

산만함이 큰 경계선 지능 아동은 과제에 압도되기, 이전의 실패 경험에 주목하기, 자신의 능력에 대해 과소평가하기와 같은 문제 외에도 주의집중력을 발휘하는 것이 어렵다는 취약점이 있다. 그래서 충동적으로 행동하여 아예 과제를 해야 한다는 사실을 잊거나, 언제 무엇을 어떻게 해야 할지를 판단하는 순차적 처리와 계획능력 등 전반적인 실행기능을 발휘하는데 취약하다. 따라서 아동들의 실행기능 능력을 향상시키기 위한 전략이 필요하다.

조직화하기와 실행기능에는 아동이 '자신의 문제를 어떻게 정의하는지, 어떤 목표를 가졌는지, 무엇을 해야 하는지'가 포함되며, 이 과정을 하는 동안 아동은 문제를 효율적으로 해결하는 연습을 하게 되고, 다양한 상황에서 유연성을 적용할 수 있게 된다. 또 자신에게만 초점을 둔 자기중심적 사고에서 타인과 환경을 고려할 수 있게 된다.

주의집중력

ADHD 아동의 표면적인 어려움 중 첫째는 바로 주의집중력의 문제다. 동시에 제공되는 여러 가지 감각 자극 중에서 현재 필요한 것만 선택적으로 주의 집중해야 하나, 산만한 아동은 별로 중요하지 않은 자극에도 쉽게 주의가 분산된다. 교실에서의 소음을 생각해보자. 수많은 아이들이 한 공간에 머물러 있을 때 수십 가지 시각, 청각, 후각, 촉각, 미각 등 온갖 자극들이 한꺼번에 밀려오게 된다. 담임선생님이 설명하는 말소리에 집중해야 하는데, 산만한 아동은 너무나도 쉽게 옆자리에서 연필을 굴리는 소리, 다른 자리에서 책장을 넘기는 소리, 운동장에서 들리는 누군가의 목소리 등 다른 자극에 쉽게 주의가 분산된다.

한 가지 일에 몰두하다가도 다른 일이 생기면 하던 일을 멈추고 새로운 일에 주의를 전환해야 하지만, 집중력이 부족한 아동들은 **주의 전환능력**과 **인지적 융통성**을 발휘하기가 어렵다. 예를 들어, 친구들이 보드게임을 하자고 제안해도 산만한 경계선 지능 아동은 지금 하던 퍼즐을 바로 중단하지 못하고 끝까지 마친 다음에야 친구들과의 놀이를 시작할 수 있다. 그러나 아동이 퍼즐을 마쳤을 땐 이미 다른 친구들은 또 다른 아이를 데리고와 보드게임을 시작해버린 이후다. 분통이 터지기 딱 좋은 타이밍이다. 그러나 돌아오는 피드백은 '네가 ~하지 않았잖아'이다. 아동의 입장에서는 그 상황을 엄청 억울하게 생각할 것이다.

주의집중력 훈련을 반복할 때, 산만함이 큰 경계선 지능 아동들은 주의 폭, 주의 유지 시간, 주의 전환능력이 향상될 것이며 자신이 어떠한 상황에서 주의집중력을 발휘할지를 스스로 인식할 수 있게 된다. 또한 집중력을 발휘했을 때 얻어지는 긍정적인 결과를 깨닫고 일상생활 및 사회적 상황에서도 적용할 수 있게 될 것이다.

충동조절

시끄럽게 수다 떨기, 다른 사람의 대화에 불쑥 끼어들기,

질문을 끝까지 듣지 않고 답변하기, 깊이 생각하지 않고 즉시 떠오른 대로 행동하기,

기다리라는 말을 듣지 않고 과자를 집어 먹기…

ADHD 아동의 충동적인 행동은 나열하기 어려울 정도로 다양하다. 의자에 앉아서도 가만히 앉아있지 못하고 건들거리다가 의자가 쓰러져 넘어지는 일, 마주 보고 대화를 하는데도 손으로 이것저것을 만지작거리는 부산함, 과잉행동까지 보이면 웬만한 인내력을 가진 사람들도 부아가 치밀어 오르기 십상이다. ADHD 성향의 경계선 지능 아동은 이런 일로 지적받을 때마다 '나는 기억력이 나쁜 게 문제야', '나는 주변 신경을 못 써', '나는 한 번 더 생각하는 일을 못 해'라며 자신에 대한 부정적인 신념을 키워나간다. 이상한 점은 그렇게 생각했으면 자신을 바꾸면 되는데, 반성은커녕 오히려 변명만 하느라 거짓말을 하게 되고, 반항적인 행동으로까지 발전하게 된다는 것이다.

충동적인 행동은 타인과의 관계에서 더 큰 문제가 되곤 한다. 만약 ADHD 성향의 경계선 지능을 가진 한 아이가 과자를 집느라 옆 사람이 그리고 있던 그림을 건드렸다고 가정해보자. 그 그림이 망가졌다는 것을 인식하지 못한 아이는 옆 사람이 자신에게 화를 내는 이유조차 알아차리지 못한다. 그저 억울해할 뿐이다. 억울함을 호소하기 위해 더 거친 방법으로 화풀이를 하게 된다.

따라서 ADHD 성향을 가진 경계선 지능 아동들의 충동성 문제는 중요하게 다뤄야 할 요소 중 하나다. 충동적으로 행동하고 싶은 욕구를 억제하고, 자신이 해야 할 일을 적절하게 조절하며 완성할 수 있을 때, ADHD 성향을 가진 경계선 지능 아동은 일상에 쉽게 적응하며 생활할 수 있게 된다. 충동조절능력이 향상되면 아동은 타인에게 화를 내고 공격적으로 행동하기보다 대화로 문제 상황을 해결해나갈 수 있으며 조심성도 기를 수 있다. 앞으로 아동은 자신의 인지 능력을 활용하여 상황에 맞게 조절하고 전략적으로 행동할 수 있다.

경계선 지능 아동의 산만함 조절 프로그램

ADHD 성향을 가진 경계선 아동들을 위한 일반적인 치료 전략은 다음과 같다.

첫째, 약물치료

둘째, 부모교육

셋째, 인지행동치료

넷째, 사회기술 훈련 및 또래관계 훈련

첫째, 약물치료

약물 사용은 ADHD 치료를 위한 첫 번째 대안이며, 약을 먹고 나면 아동의 과잉행동이나 충동성이 눈에 띄게 줄어듦을 알 수 있다. 하지만 약물치료는 내성 능력의 어려움으로 장기간 복용하는 것에는 주의를 기울여야 하며, 증상의 불충분한 감소로 원하는 모든 증상이 없어지는 건 아니다. 단순한 ADHD 문제인 경우에는 효과가 뛰어나지만, 중복장애인 경우 효과가 미비하다는 단점이 있다. 무엇보다 효과가 있어도 ADHD 아동들이 일상생활에서 보이는 기능장애에 대해 구체적인 대안 방안이나 기술을 제공해주지는 않는다. 따라서 약물을 사용함에도 불구하고 ADHD 성향을 가진 경계선 지능 아동을 위해서는 또 다른 중재가 병행되어야 한다.

둘째, 부모교육

ADHD 아동은 부모와 관계가 좋지 않은 경우가 많다. 부모교육은 부모와 아동 간의 상호작용을 원활하게 해주며, 부모가 느끼는 양육 스트레스를 감소하기 위한 방법으로도 아주 효과가 있다. 특히 ADHD 성향을 가진 경계선 지능 아동을 위한 부모교육에는 ADHD의 특성과 원인뿐만 아니라, 경계선 지능을 가진 아동들의 특성에 대해 함께 교육을 진행해야 한다. 같은 상황에서 부모와 아동이 서로 다른 관점을 가질 수 있음을 이해하는 것은 아동이 긍정적으로 성장하는 데 기초가 된다. 또한 효과적인 양육 태도, 훈육 방법, 대화 방법 등 부모의 효능감을 높여주기 위한 내용도 부모교육에 포함되어야 한다.

셋째, 인지행동치료

인지행동치료는 많은 연구를 통해 이미 그 효과가 입증되었다. 인지행동치료는 인지적 왜곡으로 인한 부정적인 사고를 긍정적인 사고로 변화시키는 데 용이하며, 인지과정에서의 결함과 인지기능 자체를 다루어준다. 그래서 아동 스스로 인지능력을 효율적으로 사용하도록 돕고, 능동적으로 자신의 행동을 조절하는 능력을 사용하도록 행동의 변화를 돕는다. 다음 3 교시에서는 경계선 지능 아동들의 사회성 증진을 위한 전략을 소개할 예정이다. 이번 장에서는 아동들의 인지 결핍과 문제행동에 관해 접근하고자 한다.

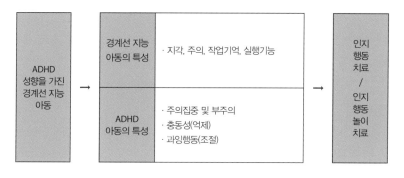

인지 행동 치료 / 인지 행동 놀이 치료	조직화하기 및 실행기능	· 큰 과제 작게 나누기 · 일의 순서 정하기 · 시간 예상하기 · 요리 레시피 만들기
	주의집중력	· 주의 유지 시간 측정하기와 산만성 늦추기 · 환경을 수정하기 · 주제에 집중하기 · 주의전환 및 인지적 융통성
	충동조절	· 생각변화 기록지 · 가위바위보 · 나와 타인과의 경계선 지키기 · 주변 돌아보기 · 결과 예측하기

큰 과제 작게 나누기

누구나 과제에 압도되면 무엇부터 해야 할지 막막하며, 시작할 엄두가 나지 않는다. 그래서 시작도 해보기 전에 포기하거나 자꾸 미루게 된다. 아동이 스스로 과제를 수행하길 바라는 부모는 자꾸 할 일을 미루는 아동을 보고 게으름을 피운다고만 생각한다. 아동은 부모의 요구에 따라 스스로 해보려고 시도해보지만, 결국 뭔가를 빠뜨리는 실수를 저지른다. 이런 실패의 경험은 또다시 과제 회피로 이어진다.

이번 활동은 이처럼 아동이 해야 할 일(과제)을 작게 세분화하여 도전의 기회를 만들어준다. 해결하기 힘든 과제를 작게 나눈 후에는 어떤 것부터 시작하는 게 나을지 판단할 수 있다. 커다란 바게트를 먹고 싶은데 통째로 뜯어 먹기엔 부담이 크고 다른 사람과 나눠 먹기도 애매하다. 이럴 때 우리는 너무나 당연하게 빵을 일정한 크기로 잘라 한 조각씩 먹는다. 버터를 발라 먹기도 하고, 샌드위치로 만들기도 한다. 아동이 완성해야 할 과제도 커다란 바게트와 마찬가지로 작게 나누면 쉬워진다.

활동 방법

1 해결해야 할 문제가 무엇인지 한 문장으로 정의를 내린다. 문장으로 만들기 어려운 아동은 상황을 그림으로 표현한 후 언어로 설명하게 하면 된다.

예시)

문제 정의	5시까지 학원에 가야 하는데 숙제도 하지 않았고 준비물도 챙기지 못했다.
과제 세분화	· 현재 시간을 확인한다. · 5시까지 학원에 가야 하는데 학원까지는 10분이 걸린다. · 집에서 4시 45분에 출발한다. · 준비물을 적어본다. · 준비물을 가방에 챙긴다. · 숙제가 무엇인지 확인하고, 걸리는 시간을 예상한다. · 숙제를 시작한다.

2 아동 혼자 정하는 것은 자칫 어려울 수 있으니, 초반에는 부모가 함께 세분화하는 것을 도와주고 차츰 아동 혼자서 해볼 수 있게 기회를 준다.

3 다음에는 세분화한 문장을 우선순위대로 번호를 매겨보고, 순서대로 행동한다.

일의 순서 정하기

이 활동은 번복을 줄여 과제를 효율적으로 해결하도록 돕는다. 더 중요한 일과 덜 중요한 일, 더 빨리 해결해야 하는 일과 천천히 해도 되는 일, 금방 끝낼 수 있는 일과 오래 걸리는 일 등을 판단하고 시행할 수 있다면 아동은 스스로 효능감을 높일 수 있고 자립적인 생활을 할 수 있게 된다.

활동 방법

1 다음 표에는 아침에 일어나서 등교하기 전까지 해야 할 일이 나열되어 있다. 해야 할 일이 많은데, 등교 준비를 해야 할 때 하지 않아도 될 일도 섞여 있다.

2 우선 아동에게 아래 예시 중 등교 전에 해야 할 일만 골라보게 한다.

3 어떤 일을 가장 먼저 해야 하는지 일의 순서를 정하여 아래 표에 쓰게 한다. 불필요한 일은 기록하지 않는다.

4 아동이 표를 완성하면 아동에게 이 순서로 정한 이유를 포함해 다음과 같이 질문해보자. '이 순서대로 정한 이유는 무엇인가요?', '전날 미리 해두면 좋은 일은 무엇인가요?', '지금 하지 않아도 되는 일은 무엇인가요?', '등교 전에 이 일들을 끝내려면 시간이 얼마나 필요할까요?', '그렇다면 나는 몇 시에 일어나야 할까요?' 등의 질문은 아동이 논리적으로 사고할 수 있도록 돕고 실제로 이렇게 시행할 가능성을 높인다.

5 이 밖에도 요리, 약속, 시험, 게임, 길 안내 등 다양한 상황을 예로 연습해볼 수 있다.

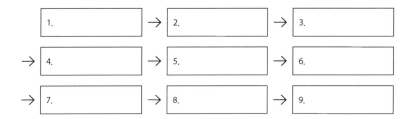

이불 정리하기, 동화책 읽기, 양치질하기, 숙제 확인하기,
아침밥 먹기, 옷 입기, 부모님께 인사하기,
머리 빗기, 발 씻기, 세수하기, 장난감 정리하기,
동생과 놀아주기, 준비물 챙기기

| 1. | → | 2. | → | 3. |

→ 4. → 5. → 6.

→ 7. → 8. → 9.

시간 예상하기

ADHD 성향의 경계선 지능 아동은 일을 계획해서 실행하기보다는 즉흥적으로 판단하고 급하게 행동하는 경향이 있다. 급하게 행동하면서도 정작 중요한 일은 꼼지락거려 시간을 지체하는 경우가 많은데, 이는 시간에 대한 감각이 부족하기 때문이다. 이 활동은 아동이 각각의 일을 하는 데 걸리는 시간이 자신이 짐작한 시간과 다름을 확인하게 해준다. 동시에 자신의 행동 패턴, 동작, 빠르기 등을 이해하도록 돕는다. 뿐만 아니라 시간 감각을 향상시키며, 일을 계획하고 실행하는 데 실질적인 도움이 된다.

활동 방법

1 아동에게 양치질하는 데 걸리는 시간을 예상해보게 한다.
2 아동이 예상한 시간을 표에 기록한 다음 실제 시간을 재어 비교해보게 한다. 단, 아동이 평소처럼 양치질하는 속도를 지키도록 주의시켜야 한다.
3 예상한 시간과 실제로 걸린 시간이 어떻게 다른지 비교해보게 하고, 어느 정도의 속도가 좋을지 대화를 나눈다.
4 다음에는 적절한 시간만큼 타이머를 맞춰 놓고 양치질을 하게 한다. 시간을 예상하는 것뿐만 아니라, 다양한 사물의 길이, 무게, 온도 등을 예상해볼 수 있다. 이 활동은 아동의 수 감각을 향상시키며, 일상에서 자신의 행동을 효율적으로 조절할 수 있도록 돕는다.

활 동	예상 시간	실제로 걸린 시간
양치질하는 시간		
밥 먹는 시간		
구구단 8단을 암기하여 말하는 시간		
애국가 1절을 부르는 데 걸리는 시간		
지정된 동화책을 소리 내어 읽는 시간		

요리 레시피 만들기

아동에게 요리 레시피 책을 만들어보자고 제안한다. 어떤 음식을 책에 넣으면 좋을지 나열해 보게끔 하면서 우선 한 가지 요리를 정하도록 한다. 요리를 정했다면 사진, 그림, 재료, 도구, 만드는 순서 등 어떤 내용을 넣을지 구상해본다. "이 책을 읽는 독자들이 내 책을 읽고 쉽게 요리를 완성할 수 있을지 고민해보자"라고 아동에게 말했을 때, 아동 스스로 그 해답을 생각 해보게 하는 것부터 인지능력의 향상이 이루어진다.

〈요리 레시피 만들기〉는 요리를 직접 하지 않고, 레시피를 기록하는 활동이다. 실제로 요리를 해보면 더 좋겠지만, 꼭 그렇게 하지 않아도 괜찮다. 어쨌든 요리는 아동의 흥미를 끌기에 좋은 요소다. 어떤 음식을 소개할지 고민하고 결정하는 일은 아동에게 동기부여가 된다. 재료와 도구 정하기는 분류하기와 범주화하기의 훈련이 되며, 재료를 요리순서에 따라 손질하는 등 레시피를 구성하는 일은 조직화와 실행능력을 향상시키는 데 도움이 된다. 레시피를 완성하는 과정은 긍정적 상호작용과 정서적 친밀감까지 발전시킬 수 있다.

활동 방법

1 만들 음식 메뉴를 정해서 만드는 과정을 아동과 함께 얘기해보며, 재료를 기록해본다.
2 음식을 만들 때 어떤 도구들이 필요한지 꼼꼼히 체크하고 문장을 어디까지 설명하고 마무 리할지도 결정하게 한다.
3 아동이 만든 레시피를 보고 사람들은 어떻게 반응할지 예상해보도록 한다.

주의 유지 시간 측정하기와 산만성 늦추기

아동은 좋아하는 놀이를 할 때와 달리 지루한 과제를 할 때 금방 싫증을 내고 딴생각을 하거나 다른 것에 주의를 돌리기 쉽다. 이때 힘들고 재미없는 과제를 지속적으로 할 수 있는 시간이 어느 정도 되는지 측정해보자. 주의 지속 시간 내 과제를 마칠 수 있도록 작은 단계로 나누어 볼 수 있다. 이 활동으로 아동은 과제를 포기하는 일을 줄이고, 주의를 유지할 수 있는 시간을 늘려갈 수 있으며, 작은 단위의 성취감을 계속 이어갈 수 있다. 또 과제를 하다가 주의를 뺏기게 되는 요소들을 살펴보고 전략적으로 대처한다면, 집중력을 기르기가 훨씬 수월할 것이다.

활동 방법

내가 해결해야 할 힘든 과제는 무엇인가요? 한 가지를 떠올리고 얼마나 걸리는지 시간을 재 봅시다. 스톱워치를 준비하여 과제를 시작할 때 버튼을 누르세요. 과제를 하다가 다른 생각이 들거나 자리에서 일어나는 등 주의를 빼앗는 것이 있거나 과제를 중단하고 싶은 생각이 들 때 스톱워치를 누르고 얼마나 오랫동안 과제에 집중했는지 확인해보세요.

1 해결해야 할 과제 기록하기
2 주의 유지 시간 기록하기
3 주의를 빼앗는 생각이 들 때 어떤 생각이 들었는지 기록하기
4 '이런 생각은 나중에 해도 괜찮아', '지금 이것이 급하지 않아',
  '지금 하는 과제가 더 중요해'라고 소리 내어 말해보기
5 원래 하던 과제 다시 시작하기
6 과제를 마친 후 기록한 내용을 다시 살펴보기
7 기록한 것들을 미루고 지금 과제를 먼저 했을 때 어떤 일이 일어날지 생각해 보기
8 주의 유지 시간이 길어지는지 평가하기
9 과제를 무사히 끝낸 자기 자신에게 칭찬해주기

한 번 더 이 과정을 반복하고 자신의 주의 유지 시간을 확인해보세요. 얼마나 오랫동안 집중할 수 있었나요?

환경을 수정하기

과제를 할 때 쉽게 주의가 분산되고 산만해지는 환경요인을 바꾸는 것도 주의집중력을 높이는 데 효과적이다. 집중력을 방해하는 환경은 주의집중력에 크게 문제가 없는 아동에게도 방해가 될 수 있다. 따라서 환경을 아동에게 맞추는 것은 매우 중요하다. 이 활동은 주의를 빼앗는 요소를 줄이는 것과 주의집중에 도움이 되는 상황을 구성하는 것을 포함한다.

활동 방법

1 아동에게 '과제하고 집중하는 데 방해가 되는 요소들은 무엇이 있을까요? 시각적 요소와 청각적 요소 모두 찾아보고 기록하세요', '방해가 되는 것들을 어떻게 수정할지 기록해보세요'라고 과제를 설명해준다.
2 아동이 기록하면 함께 기록한 내용에 관해 대화를 나누고 과제에 집중할 수 있는 환경요소들은 무엇이 있을지 생각해본다(예: 조명, 알람, 카메라 등).

주의를 빼앗는 환경 요소	수정 전략
예) 거실에서 들리는 TV 소리, 게임하는 동생, 어질러진 방	예) TV 볼륨을 줄이고 방문을 잘 닫기, 동생을 다른 방으로 보내기, 방 물건 정리정돈하기

주제에 집중하기

타인과 대화 시 가장 중요한 것 중 하나는 한 가지 주제에 집중하는 것이다. 같은 주제로 충분히 서로의 생각과 감정을 나누는 일은 관계 형성에 좋은 영향을 미친다. 그러나 ADHD 성향이 높은 아동들은 함께 대화를 나누다가도 머릿속을 스쳐 지나가는 어떤 생각이 떠오르면, 곧 새로운 생각으로 주의가 분산되기 쉽다. 상대방은 계속 대화 주제가 바뀌는 것에 대해 의아하게 생각할 수 있으며, 아동이 자기 이야기에 집중하지 않는 걸 깨닫고 불쾌함을 느낄 수도 있다. 이 활동은 아동이 주제에 집중하고 있는지 벗어났는지 스스로 알아차릴 수 있도록 도와준다. 이러한 습관을 들이면 주제에 집중하는 시간이 늘어나며, 타인을 배려하며 대화할 수 있게 된다.

활동 방법

1 관심 있는 토론 주제를 정한다. 예시) 흥부와 놀부 중에서 나는 누가 더 마음에 드는가?
2 아래에 토론 주제를 기록한 후 토론을 시작한다.
3 중간에 한 번씩 아동이 주제에 맞는 내용을 말하는지 점검한다.
4 아동이 주제에 맞는 내용을 말할 때는 각각의 네모 칸에 ○표시를, 주제를 벗어난 이야기를 할 때는 ×표시를 한다.

주제:

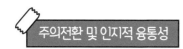

주의전환 및 인지적 융통성

복잡한 환경 속에서 지금 나에게 필요한 것에 선택적으로 주의집중하기, 주의 유지 시간을 최대한 늘리기 못지않게 중요한 것이 있다. 바로 주의전환능력이다. 우리는 한 가지 일에 집중하더라도 새로운 자극이 개입하면 그것에 쉽게 주의를 전환한다. 또한 계속해서 변화하는 상황에서 인지적 융통성을 발휘하여 변화에 대응할 수 있어야 한다. 그러나 ADHD 성향을 가진 경계선 지능 아동은 주의전환 및 인지적 융통성에 어려움이 있어, 하던 일을 멈추고 새로운 과제를 시작하기까지 시간이 오래 걸리며, 다양한 변화에 유연하게 대처하지 못한다.

활동 방법

1 아래 과제는 도형 안에 기록해야 할 숫자가 무엇인지 먼저 확인해야 하며, 각각의 도형에 맞게 빠르게 숫자를 기록해야 한다.

2 같은 도형이 계속 반복된다면 쉽겠지만, 각기 다른 도형이 번갈아 제시되므로 아동은 이런 변화에 빠르게 대처할 수 있어야 한다.

3 여러 차례 반복하여 아동이 얼마나 시간을 단축할 수 있는지, 틀리지 않고 정확도를 높일 수 있는지 확인하여 자신감을 높여주자.

각각의 지시에 맞는 숫자를 도형 안에 기록하세요.

○ → 1 □ → 2 ◇ → 3 ☆ → 4 △ → 5 (소요시간   )

☆	△	○	□	◇
△	□	◇	☆	○
◇	○	△	○	□
□	○	☆	□	◇
□	☆	◇	△	○

생각 변화 기록지

집중해야 할 시간에 산만하게 행동한 경우, 충동적인 행동으로 주변 사람들의 비난을 들었던 경우를 아동에게 떠올려보게 한다. 그리고 스스로 부정적인 생각과 감정이 들진 않았는지 점검해보게 한다. 현재 수많은 아동들이 여러 과정을 통해 산만한 행동을 줄이기 위해 고군분투하고 있다. 이전에 가졌던 부정적인 생각이 어떻게 변하고 있는지 점검하고, 혹시 아직도 자기 자신에 대한 부정적인 생각이 남아 있다면, 긍정적인 생각으로 바꾸는 활동을 통해 자긍심을 높일 수 있다.

활동 방법

1 긍정적인 생각을 하면 할수록 그에 맞게 행동하게 된다. '생각하기 나름이다', '생각대로 된다'라는 말을 되새겨보도록 한다.

2 아래의 예처럼 아동이 힘들어하는 상황을 정하여 생각의 변화를 살펴보도록 한다.

상황	생각	감정	질문하기	긍정적인 생각	긍정적인 감정
예) 수학 숙제를 할 때	못할 것 같아. 이것도 못하다니 나는 멍청해.	우울, 불안	나는 왜 아무것도 못한다고 생각했을까? 나는 왜 내가 멍청하다고 생각했을까?	배운 대로 문제를 조금씩 나누어 풀어본다면 이 숙제도 거뜬히 완성할 수 있어. 포기하지 않고 노력하는 사람은 멍청이가 아니야.	희망, 자신감

가위바위보

이 활동은 우리에게 익숙한 가위바위보와 규칙이 약간 다르다. 아동은 시각 자료인 가위바위보 그림을 먼저 봐야 하며, 제시된 그림의 배경이 무슨 색인지 빠르게 판단해야 한다. 뿐만 아니라 가위바위보 세 가지 중 아무거나 내던 습관을 버리고, 또는 가위에는 주먹을 내서 이기고 싶은 충동을 억제하면서 지는 것을 내야 할지, 이기는 것을 내야 할지 생각한 후 행동해야 한다. 이 활동은 시각주의력, 주의집중력, 충동억제능력, 처리속도를 향상해주어 아동이 자신의 행동을 조절할 수 있도록 돕는다.

활동 방법

1 활동하기 전 부모와 교사는 초록색 배경에는 지는 동작을 내고, 빨간색 배경에는 이기는 동작을 내야 한다고 설명해준다.
2 아동이 잘 이해했는지 확인하기 위해 규칙을 아동이 다시 말하게 한다.
3 부모와 교사는 제시된 순서대로 혹은 무작위로 그림을 가리키며, 아동은 3초 이내에 규칙대로 가위바위보를 한다.

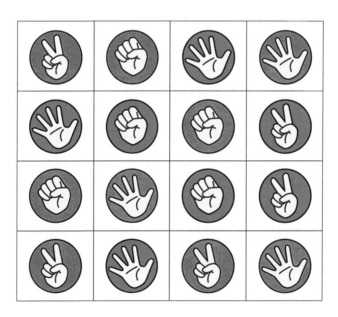

나와 타인과의 경계선 지키기

이 활동은 아동이 타인과 함께할 때 지켜야 할 사항들을 놓치지 않고 인식할 수 있도록 돕는다. 타인의 입장과 기분 그리고 감정에 대해 인식하고 공감할 때, 아동은 비로소 자신의 행동을 상황에 따라 달리해야 한다는 사실을 인식하고 자발적으로 행동할 수 있다.

활동 방법

1 아동에게 '다른 사람과 함께 할 때 지켜야 할 부분들이 있습니다. 나와 타인과의 관계에서 지켜야 할 경계선이 무엇인지 함께 살펴보고, 적합한 행동에는 ○, 적합하지 않은 행동에는 × 표시를 해주세요'라고 설명하고 아래 표의 내용을 살펴보게 한다.

2 자신이 이렇게 행동했을 때 다른 사람은 어떤 기분이 들지 떠올리며 기록해본다.

3 정답은 정해져 있지 않다. 충분히 여러 가지 경우를 살펴보는 것도 중요하다.

상황	○ / ×	타인의 기분
수업 시간에 선생님께서 말씀하신 내용이 이해가 되지 않아 손을 들고 질문했다.		
국어 시간에 10가지 정도의 질문을 했다.		
전학 온 새 친구를 위해 자리를 안내해주었다.		
모둠 활동에서 토론할 때 발표 순서를 기다렸다가 내 차례에 의견을 말했다.		
친구들과 함께 놀고 싶어 공을 친구들이 있는 곳에 던졌다.		
친구와 통화를 하다가 갑자기 해야 할 숙제가 생각나서 휴대폰을 끄고 숙제를 했다.		
친구의 기분이 좋아지게 하기 위해, 우리 집에 강아지가 5마리 있다고 거짓말을 했다.		

결과 예측하기

이 활동은 아동이 무심코 행동했을 때 어떤 결과가 나타날지 미리 예측해 봄으로써, 아동이 상황을 객관적으로 파악하도록 돕는다. 아동은 상황의 단편만을 바라보았다가 타인의 입장, 혹은 부정적인 결과가 나타날 수 있음을 인식하게 된다. 전체적인 상황을 파악하게 되면 아동은 어떻게 행동하는 것이 긍정적인 결과를 만들지 생각해볼 수 있다.

활동 방법

1 아동에게 "충동적으로 행동하거나 다른 사람을 배려하지 않고 행동했던 상황을 떠올려봅시다. 그렇게 행동했을 때 결과는 어땠나요?", "비슷한 상황이 또 다시 생긴다면 어떻게 하는 것이 모두에게 좋을지 생각해 보세요"라고 질문한다.
2 아동에게 아래 표를 작성하게 한다.

상황	예상되는 결과	대안
예) 자장면 한 그릇을 친구와 나누어 먹었다. 친구는 내가 자장면을 더 많이 먹었다고 생각한다.	기분이 나빠진 친구는 나를 욕심쟁이라고 생각할 것이다.	친구에게 진심으로 미안하다고 사과하고 다음에는 똑같은 양으로 나누어 먹을 거라고 미리 알려준다.

3교시.

경계선 지능 아동의
사회성 다루기

경계선 지능 아동과 사회인지

사회인지란 본인, 타인, 사회적 인간관계를 대상으로 타인과의 상호작용 속에서 사회적 상황을 지각하고, 해석하여 예측하는 방식이다. 즉, 타인의 내적 경험인 생각이나 감정의 의도를 추론하고, 개념화하는 것이다. 이러한 사회인지는 사회적 상황에서 적합한 행동을 할 수 있도록 안내판의 역할을 하기 때문에 중요하다. 그러나 경계선 지능 아동은 개념적 이해, 추상적 사고의 어려움을 보이므로 사회인지를 발달시키기 위해서는 여러 단계가 필요하다. 사회관계에서 기본이 되는 사회인지를 발달하기 위해서는 사회적 상황에서 자신의 내적 경험을 지각하고 이해하는 단계가 선행되어야 한다. 이를 통해 자신이 겪은 사회 경험을 토대로 자신과 다른 사람의 행동을 이해할 수 있으며, 다음 상황을 예측하여 타인의 생각과 감정에 반응할 수 있다.

민찬이와 민찬이 엄마는 횡단보도에서 신호등이 바뀌길 기다리고 있었다. 건널목에서 멈춰 신호등이 바뀌길 기다리고 있는데, 한 성인 남성이 무단횡단을 하는 모습을 본 민찬이가 큰 소리로 "엄마, 저 아저씨는 왜 빨간 불인데 건너? 저 사람 경찰에 신고하자"라고 말했다. 민찬이 엄마는 당황해서 "빨간 불에 건너는 건 나쁜 행동인데, 너무 큰 소리로 말하면 주변 사람들이 다 쳐다보잖아"라고 말했다. 그러나 민찬이는 더 큰 소리로 "엄마 저 아저씨 빨리 신고해야 해. 멀리 가버리잖아"라고 말했고, 주변 사람들이 민찬이와 민찬이 엄마를 쳐다봤다. 민찬이 엄마는 눈치 없이 행동하는 민찬이를 볼 때마다 걱정이 된다.

초등학교 4학년인 영준이는 쉬는 시간만 되면 기분이 안 좋다. 친구들이 자기랑 안 놀아준다고 생각해서 쉬는 시간이면 친구들의 행동을 선생님께 이르러간다. 선생님도 처음에는 영준이의 말을 듣고 주변 아이들에게 주의를 줬지만, 점점 더 자주 친구들의 사소한 행동('선생님, 지석이가 코딱지를 팠어요.', '선생님, 소민이가 지우개 가루를 바닥에 버려요.')까지 이르기 시작하는 영준이를 보면 난감할 때가 많다.

예시처럼, 경계선 지능 아동은 상황에 맞는 말과 행동을 표현하는 것을 어려워한다. 나이에 맞지 않는 미숙한 행동은 주변 사람들을 놀라게 하거나 당황스럽게 만든다.

경계선 지능 아동들은 첫째, 낮은 인지능력으로 인해 자신의 마음을 스스로 인식하기 어렵고, 타인의 마음을 깊이 이해하는 데 어려움을 느낀다. 다른 사람들이 겉으로 웃는다고, 속마음도 똑같이 그럴 거라고 착각하는 것이다. 이는 **타인의 행동에 대한 의도**겉과 속이 다를 수 있다는 것을 잘 알아차리지 못하기 때문이다.

둘째, 또래와의 상호작용 경험이 빈약하거나, 공격적이고 충동적으로 행동하는 아동은 타인의 감정을 읽고 대처하는 능력 또한 부족하다. 즉, 사회적 상황 판단과 사회적 문제해결 능력에 결함이 생겨 부적응의 행동을 보이게 된다. 타인의 심리 상태를 추론하는 과제에서 어려움을 보인다면, 사회인지와 관련한 어려움도 동반될 수 있다. 이러한 사회적 상황에 대한 인지능력의 문제는 타인의 감정을 읽는 마음이론에서 기인한다.

사회인지는 다차원적이고 광범위한 구성개념으로 그 하위 영역을 정서지각, 사회지각, 귀인양식, 마음이론으로 구분할 수 있다.

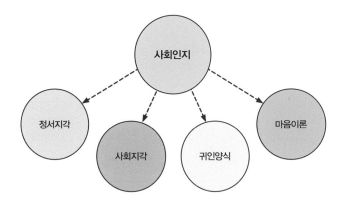

사회인지 향상을 위한 구체적인 목표는 크게 4가지로 다음과 같다.

1 사회적 상황을 파악하고, 나와 타인의 감정을 인식한다.
2 사회적 상황에서 원인을 찾고, 결과를 추론한다.
3 사회적 상황에서 타인의 의도, 바람을 파악하고 이해한다.
4 자기 생각과 감정을 상황에 적절한 말과 행동으로 표현한다.

친구의 표정과 목소리를 살피고 감정 파악하기(정서지각)

경계선 지능 아동들은 겉으로 보이는 감정을 파악하고 인식하는 데 어려움을 보인다. **정서지각**Emotion perception이란 정서적인 단서를 활용하여 정서 상태를 인식하고, 변별하는 능력이다. 예를 들어, 타인의 표정과 같은 시각 자극과 어조와 같은 음성 자극을 종합하여 정서 상태를 추론하여 반응하게 된다. 이처럼 시각 자극과 음성 자극을 통해 정서를 지각하는 능력은 사회 영역을 비롯한 다양한 영역에서의 기능과 밀접한 연관이 있다. 경계선 지능 아동들의 정서지각 향상을 위해서는 사회적 상황에서 타인의 감정을 파악하는 연습이 필요하다. 그러나 감정은 눈에 보이지 않으므로 경계선 아동에게는 더욱 어렵게 느껴질 수밖에 없다. 그러므로 감정을 파악하기 위해서는 다음의 구체적인 사항들을 생각해볼 수 있도록 도와야 한다.

1	사회적 상황과 맥락 파악	2	얼굴 표정
3	목소리의 크기	4	말투(목소리의 톤)
5	상대방의 자세나 몸짓	6	말의 내용, 의도 파악

위 여섯 가지를 정확하게 판단하는 것은 매우 중요하다. 이를 통해 사회적 상황에서 타인이 어떤 감정을 느끼는지가 드러나며, 타인의 말이나 행동의 의도에 대한 추론이 가능하기 때문이다. 특히 정서지각의 기본 요소인 표정, 목소리의 크기, 말투, 자세몸짓를 통해 자신의 감정이 나타난다. 반대로 타인의 감정을 인식할 때도 동일하게 표정, 목소리의 크기나 말투, 자세를 관찰해보는 것도 도움이 된다.

즉, 사회인지의 가장 기본이 되는 자신 및 타인의 감정을 올바르게 인식하는 것이 가장 중요하다. 자신이 기대하지 않았던 좋은 사건에 대해 기뻐할 수도 있고, 의도하지 않은 상황으로 인해 부정적인 감정이 무엇인지 인식할 수 있다. 또 누군가에게 도움을 부탁할 때도 서로의 감정에 대해 느낄 수 있다. 그럼 구체적으로 정서지각을 향상할 수 있는 다양한 활동을 살펴보자.

감정에 대해 알기

경계선 지능 아이들이 자신의 마음 상태를 알기 위해서는 감정이 무엇인지, 내가 상황에 따라 어떤 감정을 느끼는지 인식해야 한다. 매 순간 여러 감정을 겪지만, 마음이 어떤 표정을 짓는지 주의를 기울이지 못할 수도 있고, 감정 자체에 대해 단편적으로 '좋다, 싫다'로 해석할 수도 있다. 아이들이 느끼는 감정을 있는 그대로 인정해주는 것이 중요하다. 긍정의 감정뿐만 아니라 부정의 감정도 자신의 한 부분임을 받아들이는 연습이 필요하다.

『감정은 어떻게 만들어지는가?』의 저자 리사 펠드먼 배럿 심리학 석좌교수는 감정을 세분화하여 인식할수록 사람은 자기감정을 쉽게 인지할 뿐만 아니라, 감정을 조절할 수 있다고 했다. 즉, 아이들에게 여러 가지 감정의 뜻을 알려주고, 감정 일기를 적게 하는 등 아이들이 다양한 감정을 배울 수 있게 도와주고, 자신의 감정을 인식할 수 있도록 하여 정서지각을 향상시킬 수 있다.

〈활동 1. 감정 단어와 뜻 알기〉

화남 몹시 마음에 들지 않거나 언짢은 상태	**불만** 무엇인가에 대해 불만족스러운 상태	**분노** 화가 나서 화산처럼 감정이 폭발한 상태
기쁨 원하는 일이 이루어져서 매우 만족스러운 상태	**뿌듯** 무엇인가를 성취하고 감동이 가득 벅차오르는 상태	**행복** 만족과 기쁨을 동시에 충분히 느끼는 상태
슬픔 눈물이 날 만큼 마음이 괴롭고 아픈 상태	**좌절** 어떤 일이 제대로 되지 않아 마음이 힘든 상태	**우울** 마음이 답답하여 힘이 없는 상태
부끄러움 창피하고 쑥스러워서 어쩔 줄 모르는 상태	**긴장** 마음이 조여오고 편안하지 않은 상태	**놀람/당황** 어떻게 해야 할지 몰라 다급한 상태

질투 남의 것을 탐내거나, 자기보다 나은 것을 보고 미워하는 상태	**미움** 눈에 거슬리거나 마음에 들지 않아 싫은 상태	**억울** 애매하거나 불공정하여 분하고 답답한 상태
무서움 걱정하는 일이 벌어질 것 같아 두려운 상태	**두려움** 어떤 대상을 무서워하며 불안한 상태	**걱정** 안심이 되지 않는 상태
창피 떳떳하지 못한 일로 부끄러운 상태	**불안** 마음이 편안하지 않을 때, 무엇인가 걱정되고 두려운 상태	**설렘** 마음이 가라앉지 않고 들떠서 두근거리는 상태

〈활동 2. 감정 스티커를 활용하여 감정일기 쓰기 예시〉

	기분	이유
월		
화		
수		
목		
금		
토		

상황에 따른 감정 매칭하기

상황에 알맞지 않은 감정을 이야기하는 아이들, 혹은 단순하게 감정을 "좋다, 싫다"라고 이야기하는 아이들의 경우 상황과 감정을 매칭할 수 있도록 도와줌으로써, 상황에 따라 유발되는 다양한 감정들을 이해할 수 있다.

〈활동 3. 내가 이 상황이라면 어떤 기분이 들까요?〉

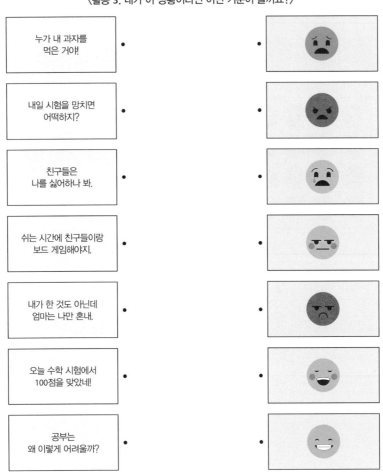

감정의 강도 파악하기

감정은 호수처럼 잔잔할 때도 있고, 파도처럼 휘몰아칠 때도 있다. 이러한 감정은 강도에 따라 말과 행동이 다르게 표현될 수 있다. 경계선 지능 아동에게 눈에 보이지 않는 감정의 강도를 파악하는 것은 그 사람의 행동 의도를 추론할 때 유용하게 사용된다.

〈활동 4. 감정온도계〉

목소리에 따른 감정 파악하기

감정은 얼굴에 표정으로 드러날 뿐 아니라 목소리로도 파악이 가능하다. 상대방이 표정을 찡그리면서 큰 목소리로 이야기한다면 뭔가 화가 났다는 것을 짐작해볼 수 있듯이, 타인의 목소리를 듣고 그 목소리의 감정을 맞추는 놀이 역시 아이들의 정서지각을 향상시키는 데 좋은 활동이 될 수 있다.

〈활동 5. 1~5까지 목소리의 크기를 조절하면서 말해보세요. 말할 때 기분이 어때요?〉

누가 내 과자를 먹은 거야!		1일 때 기분: 2일 때 기분: 3일 때 기분: 4일 때 기분: 5일 때 기분:
내일 시험을 망치면 어떡하지?		1일 때 기분: 2일 때 기분: 3일 때 기분: 4일 때 기분: 5일 때 기분:
친구들은 나를 싫어하나 봐.		1일 때 기분: 2일 때 기분: 3일 때 기분: 4일 때 기분: 5일 때 기분:
쉬는 시간에 친구들이랑 보드 게임해야지.	1만큼 아주 작게 말해보세요. 2만큼 조금 작게 말해보세요. 3만큼 보통처럼 말해보세요. 4만큼 조금 크게 말해보세요. 5만큼 아주 크게 말해보세요.	1일 때 기분: 2일 때 기분: 3일 때 기분: 4일 때 기분: 5일 때 기분:
내가 한 것도 아닌데 엄마는 나만 혼내.		1일 때 기분: 2일 때 기분: 3일 때 기분: 4일 때 기분: 5일 때 기분:
오늘 수학 시험에서 100점을 맞았네!		1일 때 기분: 2일 때 기분: 3일 때 기분: 4일 때 기분: 5일 때 기분:
공부는 왜 이렇게 어려울까?		1일 때 기분: 2일 때 기분: 3일 때 기분: 4일 때 기분: 5일 때 기분:

나처럼 해봐요!(표정과 몸짓을 통한 감정 유추하기)

이 활동은 여러 가지 표정과 자세를 통해 상대방의 감정을 유추해보는 게임이다. 경계선 지능 아동의 표정과 행동을 함께 살펴봄으로써, 비언어적인 요소들을 해석하고, 감정 이면의 행동 의도를 파악해볼 수 있다.

〈활동 6. 나처럼 해봐요!〉

카드를 보고 이 사람의 얼굴 표정과 몸짓(행동)을 따라해 보세요.	
행동 질문 1. 이 사람의 행동이 어떻게 보이나요? 2. 이런 행동은 언제 자주 할까요? 3. 무엇을 하려고 이렇게 행동했을까요?	**감정 질문** 1. 이 사람의 표정은 어떻게 보이나요? 2. 이런 표정은 언제 볼 수 있나요? 3. 이 사람의 기분은 어떨까요?

감정 빙고

〈감정 빙고〉는 빙고를 응용하여 여러 가지 감정 단어를 습득할 수 있다. 또한 감정 단어에 맞는 자신의 경험을 이야기해보고, 타인의 감정도 들어볼 수 있는 기회를 제공한다.

〈활동 7. 감정 빙고 게임〉

사회적 맥락 파악하기(사회지각)

일반적으로 행동의 80%는 시각 정보에 의해서 얻어지게 되며, 이러한 시각 정보를 통해 사회적 상황을 변별하고, 재생하여 기억한다. 이에 반해 청각 정보는 소리로서 정보를 받아들인다. 귀를 통해 받아들인 감각 자료를 판별하고 조직화하며, 이는 소리에 대한 정신적 지각으로 사용된다. 다양한 정보를 의미 있게 받아들이기 위해서는 사회적 상황에서의 다양한 시각적·청각적 자극에 주의attention를 기울이고, 그것을 정확하게 판단하는 것이 중요하다.

사회지각Social Perception은 사회의 규칙, 규범, 역할 등을 포함하는 사회적 단서들을 지각하고, 사회적 상황과 맥락을 이해하여 추론하는 능력이다. 또래 관계나 집단생활에 적응하기 위해서는 사회적 상황을 이해하고 추론하는 능력은 매우 중요하다.

사회지각을 향상시키기 위해서는 사회적 상황에서 주어지는 여러 단서예를 들어, 사회적 역할이나 사회적 규칙 등를 지각하고 판별하는 과정뿐만 아니라 사회적 맥락 자체에 대해서도 이해할 수 있어야 한다. 사회지각의 손상은 사회적 상황에서 문제를 해결하는 능력과 관련되어 있다. 민수의 사례를 살펴보자.

영화관에 간 민수는 친구들과 함께 영화를 본다는 생각에 설렜다. 영화가 시작되자 엄마가 조용히 하라고 했지만, 민수는 영화 장면을 보면서 옆자리에 앉은 친구들과 이야기하며 떠들었다. 엄마가 인상을 쓰며 다시 경고했지만 너무 신난 민수는 영화를 보는 내내 재미있는 장면이 나오면 발로 의자를 차거나 팝콘을 먹으면서 친구들과 이야기를 했다. 영화가 끝나고 앞에 앉은 아저씨가 화를 내며 "영화관에서는 떠드는 것 아니다"라고 말했지만 왜 아저씨가 화를 내는지 민수는 전혀 몰랐다.

영화관에서는 지켜야 할 예절, 즉 에티켓이 있다. 우리가 사는 사회는 그 사회만의 정해진 규칙이 있는데, 그것을 규범이라고 한다. 경계선 지능 아동에게 사회지각과 사회규범에 대한 교육을 시행하면, 아동은 자연스럽게 사회적 맥락을 배울 수 있게 된다. 다양한 사회적 상황에서 시각 정보와 청각 정보에 어떻게 주의를 기울이고, 해석하느냐는 이후 아동의 행동을 형성하므로 매우 중요하다. 경계선 아동들에게 정서지각에 대한 교육과 더불어 사회지각과 사회규범에 대한 교육은 반드시 병행되어야 한다.

사회적 맥락 파악하기 활동

경계선 지능 아동의 경우 그림이 없는 지문만 사용한다면 집중도가 낮아 쉽게 주의가 분산될 가능성이 높다. 아동이 좋아하는 그림 혹은 매체와 결합하여 융통성이 있게 사회적 맥락을 파악하는 연습을 하는 것은 지문만 읽어주는 것보다 효과적이다. 특히 아동의 일상생활에서 자주 일어날 만한 상황으로 사회인지 교육 내용을 구성한다면, 익숙한 사회적 문제를 해결해보면서 자신의 행동으로 적용시키기 더욱 용이하다. 이 활동은 먼저 지금 어디에 있는지 장소에 대한 질문, 사람들이 여러 명 등장한다면 그들의 관계는 어떻게 되는지 등을 질문해주고 전체 상황 파악을 함께해볼수 있다. 또한 연결된 그림들을 보고 시제의 흐름, 사건의 전후 맥락 파악을 같이 배우면 더 효과적으로 사회적 상황을 추론할 수 있다.

이러한 사회적 맥락을 파악하는 활동을 통해 경계선 지능 아동은 사회적 상황에서 사람들이 무엇을 생각하고, 느끼고, 행동하는지에 대한 정보를 파악하고, 상황의 흐름을 설명하며, 중요한 사회적 단서나 의미를 추론하면서 결국 그 상황에서 적절한 행동과 말이 무엇인지 알 수 있다.

- 시간의 흐름에 맞지 않게 이야기를 하는 아이들의 경우: 한 장면을
  두고 전후 어떤 그림들이 나올지 예측해본 후 그림이나 이야기를 하
  나씩 제공하는 것도 유용한 전략이 될 수 있다.
- 연속된 장면을 어려워하는 친구들의 경우: 1컷으로 된 그림으로 먼
  저 사회적 맥락을 파악하는 연습을 해보는 것이 좋다. 1컷 시퀀스에
  서는 줄거리를 읽어준다.
- 연속된 장면에 익숙해진 친구들의 경우: 연속된 사회적 상황에서 앞
  뒤 맥락을 파악하는 연습을 이어서 할 수 있도록 안내한다.

〈활동 8. 1컷 시퀀스〉

승준이와 규찬이는 함께 공놀이를 했어요. 승준이가 공을 너무 세게 차는 바람에 앞집 아주머니 댁의 창문이 깨졌어요. 승준이는 혼이 날까 봐 무서워서 도망갔고, 집에서 나온 아주머니는 혼자 남겨진 규찬이를 혼냈어요.

맥락 파악 연습		한 아주머니가 아이를 향해 화를 내고 있다. 아이는 당황한 듯 고개를 숙이고 있다.
관찰	장소	아주머니가 화가 난 모습으로 보아 공을 가지고 놀면 안 되는 장소인 것 같다.
	관계	아주머니와 남자아이는 모르는 사이처럼 보인다.
감정	2명	아주머니: 팔을 허리에 댄 채 얼굴을 찌푸리고 있다. 화를 내는 것으로 보인다.
		아이: 당황한 듯 아주머니를 쳐다보지 못하고 시선이 바닥을 향해 있다. 승준이가 공을 찬 거라고 말하고 싶은 것처럼 보인다.

〈활동 9. 4컷 시퀀스〉

1

오늘 민찬이네 반에서 체육 시간에 축구를 했어요. 민찬이는 축구를 열심히 하고 있어요.

맥락 파악 연습		친구들이 운동장에서 축구를 하고 있다. 가운데 민찬이(주인공)가 공을 가지고 있고, 주변의 친구들이 민찬이를 쳐다보고 있다.
관찰	장소	축구 골대와 축구공, 잔디가 있는 것으로 보아 축구장이다.
	관계	남자친구들이 함께 축구를 하는 것을 보아 학교 친구들인 것 같다.
감정	4명	공을 가진 남자: 축구공을 위로 높이 차오르는 행동을 하고 있다.
		골대에 있는 남자: 입을 벌리며 말을 하는 것 같다. 손을 벌리며 공을 막으려는 포즈를 하고 있다.
		왼쪽 남자: 신나는 얼굴로 공을 가지고 있는 남자아이를 쳐다보고 있다.
		오른쪽 남자: 들뜬 얼굴로 공 쪽을 향해있다.

2

재호는 민찬이를 보며 자신에게 공을 패스해달라고 말했어요.	

맥락 파악 연습		파란색 옷을 입은 아이가 한 손은 들고, 한 손은 자신을 가리키고 있다. 민찬이를 향해 쳐다보며 말하는 모습처럼 보인다.
관찰	장소	잔디가 있는 것으로 보아 축구장이다.
	관계	남자아이가 다른 친구를 쳐다보며 자신을 가리키는 것을 보니 친구 사이임을 알 수 있다.
감정	1명	남자: 적극적으로 자신을 가리키는 행동을 하고 있다. 자신을 향한 손짓으로 보아 자신에게 공을 달라고 말을 하는 것 같다. 즐거워 보이는 표정이다.

3

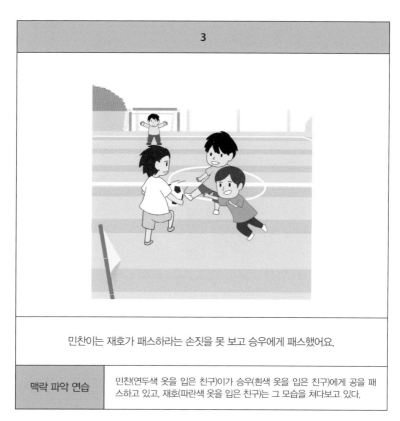

민찬이는 재호가 패스하라는 손짓을 못 보고 승우에게 패스했어요.	

맥락 파악 연습	민찬(연두색 옷을 입은 친구)이가 승우(흰색 옷을 입은 친구)에게 공을 패스하고 있고, 재호(파란색 옷을 입은 친구)는 그 모습을 쳐다보고 있다.

관찰	장소	친구들이 함께 축구를 하는 것으로 보아 축구장이다.
	관계	다 함께 축구를 하는 모습을 보니 친구 사이다.
감정	3명	재호: 공을 건네받고 싶어서 적극적으로 손짓을 하고 있다.
		민찬: 눈을 동그랗게 뜨고 입을 살짝 벌린 채로 자기 앞에 있는 승우에게 공을 패스하고 있다.
		승우: 공을 패스받고 있다.

4

재호는 자신에게 공을 패스하지 않은 민찬이한테 화가 났어요.

맥락 파악 연습	남자아이가 화난 듯이 누군가를 향해 인상을 찌푸리고 있다.

	장소	축구를 하다가 화가 난 것이므로 축구장일 것이다.
관찰	관계	누군가에게 화가 난 것 같다.
감정	1명	찡그린 눈썹에 꾹 다문 입술. 그리고 주먹을 꽉 쥐고 있다.

사건이나 행동의 원인과 결과 찾기(귀인양식)

귀인양식attribute mode은 행동의 원인을 추론할 때 타인의 태도, 성향, 동기가 무엇인지 살펴본 후 상황의 원인이 무엇인지 파악하는 것이다. 사건이나 행동의 원인을 찾는 활동은 경계선 지능 아동이 타인의 행동 규칙을 발견하고 원인을 찾는 데 목적이 있다.

상황의 전후 맥락 파악하기

이야기의 순서대로 맞추는 활동은 아동에게 시간의 개념과 동시에 전후 상황을 파악하는 데 큰 도움이 된다. 사회적 상황을 보고, 상황 전에는 어떤 일이 일어났는지 유추해보는 활동을 통해 다양한 원인이 무엇인지 생각해 볼 수 있게 된다. 이를 통해 상황을 예측하는 능력을 기를 수 있다. 또한 상황 후에는 어떤 결과가 일어날지에 관한 대화를 나눔으로써, 다양한 행동을 추론해 볼 수 있으며, 적절한 대처 행동에 대해서도 배울 수 있게 된다.

<활동 10. 지금 무슨 일이?>

상황

1. 지금 어떤 상황인가요?

2. 둘은 지금 어떤 행동을 하고 있나요?

3. 남자아이, 여자아이 표정은 어떤가요?

상황 전

1. 이 상황 전에는 어떤 일이 벌어졌을까요?

2. 일어날 수 있는 상황을 다양하게 이야기해보세요.

상황 후

1. 상황 후에는 어떤 일이 벌어졌을까요?

2. 남자아이와 여자아이는 어떤 행동을 했을까요?

3. 이 상황을 해결하기 위한 다양한 방법을 이야기해보세요.

원인과 결과 찾기

경계선 지능 아동의 경우 **작업기억의 저하**로 지금 발생한 결과들이 어떤 원인에 의해 발생할 수 있음을 이해하기 어려운 경우가 많다. 그렇기 때문에 사회적 상황에 대해 원인과 결과를 이해할 수 있도록 지도가 필요하다. 특히 잘못된 행동에 대한 결과, 사회적 규범, 일상생활 등 시간 경과를 전제로 하여, 인과 관계가 분명한 것을 먼저 알려주는 게 효과적이다. '언제? 어디서? 누가? 어떻게? 무엇 때문에? 왜?' 등 다양한 질문을 통해 경계선 지능 아이들의 논리적 사고와 언어 기술을 향상시킬 수 있다.

경계선 지능 아동의 경우 시간의 차이가 적게 나는 상황부터 연습하는 것이 좋다. 시차가 많이 나는 상황에서는 왜 그런 상황이 일어났는지 추론하는 과정이 복잡하므로, 난이도가 낮은 순서대로 알려주는 것이 효과적이다.

〈활동 11. 원인과 결과 1〉

도현이는 엄마 심부름으로 슈퍼에 가서 과일과 과자를 샀어요. 참외, 과자, 방울토마토가 담긴 비닐을 들고 가다가 비닐이 찢어져서 내용물이 다 쏟아졌어요.

질문 예시

지금 도현이는 어디에 있나요?

도현이에게 무슨 일이 일어났나요?

비닐은 왜 뜯어졌나요?

쏟아진 과일과 과자들은 어떻게 해야 할까요?

만약 비닐이 찢어지지 않게 하려면 어떻게 해야 할까요?

물건을 옮길 때 주의해야 할 점은 무엇이 있을까요?

〈활동 12. 원인과 결과 2〉

눈이 와서 아이들이 눈사람도 만들고 눈싸움을 하면서 즐겁게 놀고 있어요.

그런데 오후가 돼서 해가 쨍쨍 비치자 눈이 녹아버렸고, 아이들은 다 집으로 돌아갔어요. 재민이는 더 놀고 싶었지만, 친구들이 모두 가버리고 혼자 남겨지자 심심해서 집에 가기로 했어요.

질문 예시

지금은 무슨 계절일까요?

아이들은 어디에 있나요?

아이들은 무엇을 하고 있나요?

재민이는 왜 집에 돌아왔을까요?

아이들은 어디로 갔나요?

재민이는 집에 돌아가서 무엇을 했을까요?

눈싸움할 때 준비해야 할 것은 무엇일까요?

눈이 올 때는 옷차림을 어떻게 해야 하나요?

친구들과 즐겁게 놀려면 지켜야 할 규칙이 있을까요?

사회적 상황에서 친구의 의도와 바람 파악하기(마음이론)

마음이론 Theory of Mind은 욕구, 신념, 의도, 지각, 정서, 생각 등 자신과 타인의 마음 그리고 정신적 상태를 이해하는 능력으로, 사실관계에 대한 우리의 추론이 사실과 다를 수 있다는 믿음의 표상적 특성을 드러낸다.

다른 사람의 표정, 행동 및 사회적 상황에서 나타나는 사회적 정보를 부호화하고 이를 자신의 마음속에 표상 → 타인이나 상황에 적절한 반응을 탐색하여 평가 → 사회적 판단이나 사회적 규칙에 적합한 반응을 결정 → 타인의 마음에 대한 이해를 기반으로 실제 행동을 작동시키는 원리

경계선 지능 아동에게 마음, 생각, 감정, 의도 등 보이지 않는 추상적인 것을 파악하고 추론하기란 무척 힘든 일이다. 정서지각, 사회지각, 귀인양식을 차례로 연습한 이후에는 타인의 행동 의도와 바람을 파악하는 연습을 통해 사회적으로 적합한 행동, 타인과 조화로운 행동을 할 수 있게 된다.

얼굴 없는 그림책

표정이 없는 얼굴을 가지고 이야기를 듣고, 표정이 없는 얼굴에 자신이 직접 얼굴을 그려보는 활동으로 상황에 맞는 감정을 추론할 수 있다. 또한 이야기를 잘 들어야 맥락이 파악되므로 사회적 맥락을 파악하기 활동, 원인과 결과를 추론하는 귀인양식까지 함께 연습해볼 수 있다. 경계선 지능 아동의 경우 문제를 해결하는 능력이 부족하기 때문에 그림 속 각각의 상황에서 벌어지는 일에 대한 문제해결 질문을 함께해주고, 일상생활에서 적용해볼 수 있도록 지도하는 것이 중요하다.

정호는 민찬이랑 놀고 싶어서 민찬이에게 '메롱'하고 놀렸어요. 그러자 민찬이가 소리 지르며 놀리지 말라고 화를 냈어요.

1. 지금 상황에 대해 말해보세요.

2. 친구들은 지금 어떤 행동을 하고 있나요?

3. 친구들의 표정을 그려보세요.

4. 마음 질문

 – 정서, 사고: 민찬이는 정호가 '메롱'했을 때 기분이 어땠을까요? 그때 어떤 생각을 했을까요?

 – 바람: 민찬이는 정호가 어떻게 해주길 바랄까요?

 – 공감: 내가 민찬이라면 친구가 '메롱'했을 때 기분이 어떨까요?

 – 의도: 정호는 왜 민찬이에게 '메롱'을 했을까요?

 – 정서, 사고: 정호는 민찬이가 소리 지르며 화를 냈을 때 기분이 어땠을까요? 그때 어떤 생각을 했을까요?

〈활동 14. 이야기로 추론하기: 표정이 없는 얼굴 활용〉

1	영찬이는 동네에 사는 고양이에게 장난을 치고 싶었어요. 그래서 막대기를 들고 고양이가 있는 대문을 팍팍 쳤어요. 그러자 고양이가 "야옹야옹" 거렸어요. 	**질문 예시** 1. 각 이야기를 듣고 영찬이의 표정을 그려보세요. 2. 영찬이는 지금 어디에 있나요? 영찬이와 고양이는 어떤 관계인가요? 3. 영찬이의 기분은 어떤가요? 4. 왜 영찬이는 고양이에게 장난을 치는 걸까요? 5. 장난은 언제 치는 행동인가요? 6. 상대방이 싫어한다면 그것도 장난일까요?
2	그러다 고양이가 문틈 사이고 나오려고 하자 영찬이는 깜짝 놀랐어요. 못 나올 줄 알고 장난을 쳤는데, 고양이가 밖으로 나왔기 때문이에요. 영찬이는 무서워서 도망을 갔어요. 고양이는 화가 나서 영찬이를 쫓아갔어요. 옆에 있던 수정이는 너무 놀라서 이 상황을 지켜봤어요. 	**질문 예시** 1. 각 이야기를 듣고 친구들의 표정을 그려보세요. 2. 지금 영찬이에게 무슨 일이 벌어졌나요? 3. 영찬이는 지금 기분이 어떨까요? 4. 왜 영찬이는 도망갔을까요? 5. 수정이는 지금 누구를 보고 있나요? 6. 내가 수정이라면 이런 상황에서 어떻게 행동할까요? 7. 고양이는 왜 화가 났을까요? 8. 고양이는 왜 영찬이를 쫓아갈까요?

| 3 | 결국 고양이는 영찬이의 다리를 살짝 물었어요. 영찬이는 고양이 때문에 놀랐고, 다리도 살짝 아파서 눈물이 났어요. 옆에서 지켜보던 수정이가 다가와서 괜찮은지 물었어요. 영찬이는 순간 창피해서 수정이를 쳐다볼 수 없었어요.

  | 질문 예시

 1. 각 이야기를 듣고 친구들의 표정을 그려보세요.

 2. 지금 영찬이에게 무슨 일이 벌어졌나요?

 3. 고양이가 다리를 물었을 때 영찬이의 기분은 어땠을까요?

 4. 고양이는 왜 영찬이를 물었을까요?

 5. 수정이는 왜 영찬이에게 다가갔을까요?

 6. 수정이는 영찬이에게 어떤 도움을 줄 수 있을까요?

 7. 영찬이는 왜 부끄러웠을까요?

 8. 도움을 요청할 때는 무슨 말을 해야 할까요?

 9. 이런 일이 벌어지지 않게 하려면 어떻게 행동하는 게 좋을까요? |

사회인지는 타인과의 상호작용 속에서 사회적 상황을 지각하고, 해석하여 예측하는 방식이며, 사회적 상황에서 적합한 행동을 할 수 있는 안내판의 역할을 한다. 이러한 사회인지에 대한 개념을 모른 채 사회기술을 배우기보다는 타인의 마음을 이해하고, 타인의 행동 의도를 파악하는 연습이 선행되고 나서 사회기술을 배운다면 또래와의 사회적 관계가 더욱 향상될 것이다.

경계선 지능 아동과 사회기술

부모나 교사는 경계선 지능 아동이 다른 사람과 조화로운 관계를 맺고, 긍정적인 관계를 유지하기를 바란다. 또한, 가족이나 친구들에게 좋거나 싫은 것이 있을 때, 자신의 속마음을 말이나 다른 방법을 통해 적절하게 표현하면서 마음 편히 살아가길 바란다. 주변의 어른들이 바라는 것처럼 아동이 다른 사람들과 조화로운 상호작용을 하기 위해서는 친구 사귀기, 부탁하기, 공감하기, 칭찬하기, 자기 주장하기, 거절하기를 비롯한 다양한 **사회기술**이 필요하다.

이러한 사회기술은 흔히 아동이 가족이나 또래 친구를 통해 다양한 사회적 관계를 맺고 성장하는 과정에서 자연스럽게 습득할 수 있다. 그러나 아동에 따라 적절한 기술을 습득할 수 있도록 주변에서 도움을 주는 것이 필요하다. 특히 경계선 지능의 아동은 학습의 어려움뿐만 아니라, 친구 관계에서 어려움을 겪는 경우를 주변에서 쉽게 찾아볼 수 있다. 다음 예시의 태수와 정윤이도 그러한 어려움을 겪고 있는 아이들이다.

오늘도 태수의 친구들과 '사이좋게 놀기' 계획이 무산되었다. 태수는 친구들과 노는 시간을 기다렸는데도 불구하고 막상 친구들을 만나기만 하면 화를 내고, 안 논다고 하면서 밖으로 나가 버린다. 오늘도 친구들과 보드게임을 하려고 하는데, 자기를 첫 번째로 시켜주지 않았다고 막무가내로 화를 낸 것이다. 평소에도 지거나 조금만 속상해도 감정을 조절하지 못해 욱하고 화를 내니 다른 엄마들의 시선도 신경이 쓰인다. 태어날 때부터 병치레했던 아이이기에 큰 욕심 없이 건강하기만을 바랐었는데, 이제는 친구들과 잘 어울리지 못하니 걱정이 앞선다.

그렇게 놀지도 못하고 화를 내고 돌아서는 길에 아이도 속이 많이 상한 것 같았다. 좋아하는 종이접기 놀이를 하다 보면 마음이 풀리겠지만, 앞으로 계속 친구들과 잘 어울리지 못하고 혼자 마음고생을 하지 않을까, 하는 생각에 가슴이 답답해진다. 태수를 키울 때를 돌이켜보면 말이 늦었지만, 일상생활에서는 의사소통에 어려움이 없어 막연하게 늦된다고 생각해서 크게 신경을 쓰지 않았었다. 그러나 이제 7살이 되어 초등학교 준비를 위한 학습도 시작해야 하고, 친구들과의 관계에도 신경이 쓰이는데 어떻게 해야 할지 막막하다.

예시

우리 4학년 2반 학급에서는 맡은 일을 잘 수행하는 정윤이라는 학생이 있다. 수업 태도도 바르고 쉬는 시간에 아이들과 보드게임을 할 때는 승부욕을 발휘하면서 함께 게임을 한다. 이런 정윤이가 힘들어할 때가 있는데 국어, 수학 등의 학과목 시간과 조별 모둠 활동 시간이다. 아직 한글 맞춤법이 서툰 정윤이는 책을 읽거나 글씨를 써야 하는 국어 시간에 특히 힘들어한다. 아무래도 수업 시간의 흐름을 이해하기도 어렵고, 자기 의견을 조리 있게 말하고 협력해서 과제를 시간 안에 완성하는 부분에도 어려움이 있어 모둠 시간에는 거의 조용하거나 참여를 많이 하지 않는 편이다. 열심히 애쓰는 정윤이를 아이들과 더 잘 어울리게 해주고 싶은데 고민이 된다.

태수와 정윤이처럼 경계선 지능의 아동들은 학습에 더딘 인지적인 특성으로 인해 학습 문제뿐 아니라 사회기술을 습득하는 데도 어려움이 나타난다. 경계선 아동의 사회기술 특성을 정리해보면 다음과 같다.

경계선 지능 아동의 사회기술 특성

1 활동에 참여하기, 칭찬하기, 도움 요청하기, 인정하기, 공감하기, 친구와의 대화에서 먼저 대화 시도하기 등의 기술이 부족하여 친구 관계를 유지하는 데 어려움을 보인다. 친구에게 먼저 다가가기를 꺼려하고 친구가 먼저 다가와도 소극적이며 잘 반응하지 못한다.

2 분노를 조절하는 부분이나 학급 규칙 따르기, 갈등 상황에서 타협하기 등의 기술이 부족하여 친구와 관계를 맺을 때 자신의 요구를 적절하게 표현하고 대처하는 데 어려움을 보인다.

> 3 교실에서의 규칙을 따르거나 자유 시간을 적절하게 사용하는 데 어려움
> 을 보인다.

우리 아이가 이러한 특성을 보이고 친구들이나 주변 사람들과의 관계에서 어려움을 겪고 있다면, 다음의 체크리스트를 통해 우리 아이가 사회기술 영역 중 어느 부분에서 어려움을 보이는지 부모나 교사가 평가해볼 수 있다. 또한, 이러한 특성에 대해 이해하고 아동에게 필요한 사회기술을 습득할 수 있도록 교육하는 것이 필요하다.

번호	문항	전혀	가끔	자주
1	집에 있을 때 적절한 방식으로 여가를 보낸다.			
2	자신의 방을 깨끗이 정리한다.			
3	집에서 너무 크지 않게 알맞은 목소리로 이야기한다.			
4	집단 활동에 적극적으로 참여한다.			
5	처음 본 사람에게 먼저 자기소개를 한다.			
6	다른 아동이 때리거나 괴롭힐 때 적절하게 대응한다.			
7	물건을 살 때 점원에게 정보나 도움을 부탁한다.			
8	종교나 단체 모임 시 말하는 사람에게 집중한다.			
9	타인의 비합리적인 요구를 공손하게 거절한다.			
10	친구를 집에 초대한다.			
11	가족들의 성취에 대해 축하해준다.			
12	쉽게 친구를 사귄다.			

13	새로운 일에 관심을 보인다.			
14	문제 발생이 예상되면 상황을 피한다.			
15	자기 것이나 집안의 물건을 정리한다.			
16	가족들의 일을 자발적으로 돕는다.			
17	비난을 잘 받아들인다.			
18	전화를 적절하게 받는다.			
19	부모가 부탁하지 않아도 집안일을 돕는다.			
20	공정하지 못한 집안의 규칙에 대해 적절하게 질문한다.			
21	도움을 요청하지 않고 집안일을 시도해본다.			
22	다른 친구와 싸울 때 화를 참는다.			
23	사람들이 아동을 좋아한다.			
24	다른 사람이 먼저 말하기를 기다리기보다는 아동이 시작하는 편이다.			
25	부모와의 의견 불일치에 침착하게 대처한다.			
26	부모와의 갈등 상황에서 화를 잘 참는다.			
27	형제나 친구가 잘한 일이 있으면 칭찬한다.			
28	적당한 시간 내 집안일을 마친다.			
29	가족들의 물건을 사용하기 전에 허락을 구한다.			
30	모임이나 외출과 같은 사회적 상황에서 자신감이 있다.			
31	외출하기 전에 허락을 받는다.			
32	친구나 자기 또래의 친척들이 놀릴 때 적절하게 대처한다.			
33	숙제나 다른 일에서 당신의 도움을 기다리는 동안 적절하게 시간을 활용한다.			
34	친구들과 어울려 놀 때 친구들의 의견을 받아들인다.			
35	한 활동에서 다른 활동으로 쉽게 바꿀 줄 안다.			

36	자발적으로 가족들과 협조한다.			
37	친구들의 칭찬을 잘 받아들인다.			
38	사고 발생 시 어른에게 가서 소식을 알린다.			

하위영역	문항
주장성	1, 4, 5, 7, 9, 12, 20, 24, 30, 37
협동성	2, 8, 11, 13, 16, 19, 21, 23, 27, 34, 36
책임감	15, 25, 26, 28, 29, 31, 38
자기조절	1, 3, 6, 14, 17, 18, 22, 32, 33, 35

친구에게 다가서기

경계선 지능 아동의 부모들은 취학 전까지는 아이의 특성을 잘 알아차리지 못하다가, 아이가 학교에서 적응을 못 하거나 학습을 잘 따라가지 못하고 행동 문제들이 나타나는 등 어려움이 커지게 되면서 그 원인을 알아봐야겠다고 생각하기 시작한다. 이러한 행동 문제에 대해 주변에서는 경계선 지능 아동을 학교생활과 또래 관계에서 친구들과 잘 어울리지 못하는 아이 혹은 또래 관계에 문제가 있는 아이로 인식한다. 더 심하면 주변 사람들이 아이를 **'늦되는 아이, 둔한 아이, 공부를 못하는 아이, 답답한 아이, 눈치 없는 아이'** 등으로 간주하고 아동에게 혼을 내거나 비난하는 일도 발생하게 된다.

지능이 낮고 사회성이 부족한 아이는 학교 폭력의 피해 대상이 되며, 또래보다 학업능력이 떨어지고 의사표현 능력이 부족하여 친구들로부터 소외되고 따돌림을 당하는 등 다양한 부적응 문제를 겪게 된다. 부모들은 뒤늦게 아이의 특성을 알고 나서 더 빨리 도움을 주지 못해서 미안한 마음과 조급한 마음에 일부러 친구들과 더 어울리는 기회를 주기 위해 노력한다. 이때 아이가 친구 사귀기를 할 준비가 되어 있지 않다면 오히려 실패와 좌절감을 느낄 수 있다. 이에 희수나 규민이의 사례처럼 아이들에게 다그치거나 실망하기보다는 친구 사귈 때 겪는 어려움에 대해 이해해주고 천천히 아이의 속도에 맞춰 차근차근 연습하도록 격려해주어야 한다.

예시

초등학교 5학년인 희수는 오늘도 친구들에게 다가가지 못하고 먼발치에서 바라보고 있다. 사촌 동생과 놀 때는 재미있었었는데, 이상하게 같은 반 친구들이나 또래 친구들과 놀 때는 이해가 되지 않고, 아이들도 희수를 놀이에 끼워주지 않는다. 희수가 하는 말에 친구들은 반응도 없고, 친구들이 무슨 이야기를 하는지도 잘 모르겠다. 그래서 희수는 학교에 가면 혼자인 것 같은 생각이 들고 힘이 빠지는 것 같다.

희수가 엄마에게 이런 이야기를 해도 엄마는 "네가 먼저 다가가서 이야기도 하고 같이 놀자고 하면 되지"라고 말씀하신다. 희수의 머릿속엔 '나도 안 해 본 건 아닌데…. 정말 나를 좋아해 주는 친구가 하나도 없는 것 같아. 앞으로도 계속 친구도 못 사귀면 어떻게 하지'라는 생각이 스친다.

예시

규민이 아빠는 오늘 오랜만에 일찍 퇴근하는 중이다. 집에 연락해 보니 규민이가 아직 친구들과 놀이터에서 놀고 있다는 소식을 듣고 아이와 같이 들어가려고 놀이터로 향했다. 그네 앞에 친구들과 놀고 있는 규민이가 보였다. 규민이 아빠는 규민이의 이름을 부르려고 하는데, 아이들끼리 노는 모습에 뭔가 이상한 느낌이 들어 잠시 지켜보았다. "에이~ 이것도 못 하고~"라면서 옆에 있던 민석이가 규민이를 툭툭 치는 게 아닌가. 그 옆에 있던 호석이도 말리기는커녕 같이 웃으면서 규민이를 놀리는 듯한 모습이었다. 규민이 아빠는 너무 화가 나고 속이 상해 "너희들, 무슨 짓을 하는 거야?"라고 소리를 질렀다. 규민이와 다른 아이들은 당황해했다. 한참 훈계하고 돌아오는 길에 규민이와 얘기를 해보려고 하니 "아이들이 장난친 거야. 별것도 아닌데 아빠는 괜히 소리 지르고, 애들이 나랑 안 놀아주면 어떻게 해!"라고 버럭 화를 냈다. 규민이 아빠는 규민이가 또래 친구들의 장난을 구별하지 못하고 당하는 게 아닌지 걱정되기 시작했다.

친구에게 칭찬하기

주변에 우울감을 가진 경계선 지능 아동들이 많이 발견된다. 그들은 학습이나 과제를 잘하고 싶은 마음은 간절하지만, 좋은 결과를 얻지 못하는 편이다. 점점 나이가 들어가면서 본인의 낮은 인지능력에 대한 주변의 부정적인 시선을 스스로 깨닫게 되면서 우울한 마음을 가지게 되는 것이다. 특히 경계선 지능 아동은 야단을 맞게 되면 더 위축되고 주눅이 든다.

이러한 과정이 반복되면 아동은 자존감이 낮아지게 되고, 자신의 장점을 찾지 못하게 되면서, 다른 사람들에게도 좋은 피드백을 해주거나 칭찬해주는 것에서도 어려움을 겪을 수 있다. 또한, 다음 민준이의 사례처럼 상대방에게 칭찬하는 방법을 잘 모르는 경우도 많다. 경계선 지능 아동이 먼저 본인에게 칭찬할 점을 스스로 찾아보는 것이 다른 사람을 칭찬해 주기 위한 선행과정일 수 있다. 또한, 아동에게 상대방을 칭찬하고 싶을 때 어떻게 해야 하는지 방법을 알려주는 것도 필요하다.

예시

오늘도 나는 국어 시간에 발표를 제대로 하지 못했다. 아이들은 모두 나를 비웃는 것 같았다. 이럴 줄 알고 집에서 연습했는데도 막상 발표하려고 하니 떨리고 생각이 하나도 나지 않았다. 역시 나는 할 줄 아는 게 하나도 없나 보다. 다른 아이들은 여유롭게 발표하는데 나만 왜 이러는 걸까. 정말 속상하다. 내 짝꿍 은석이는 발표를 참 잘한다. 떨지도 않고 또박또박 말한다. 그런 은석이의 모습이 멋지다고 생각했는데, 어떻게 칭찬해줘야 할지 잘 모르겠다.

칭찬하기 기술

1 자신이 잘하는 점(소소한 것들)을 찾아본다.
2 자신을 칭찬해 보고 그 기분을 느껴본다.
3 칭찬할 친구를 정한다.
4 친구의 잘하는 점을 탐색하고 결정한다.
5 어떻게 말하면 좋을지 생각한다.
6 친구에게 칭찬해준다.

함께 연습해요!

1 칭찬리스트
   다음 중 스스로 잘한다고 생각하는 일을 찾아 표시해보세요.

이야기를 잘한다.	친구를 잘 기다려준다.	심부름을 잘한다.	집안일을 잘 도와준다.
책상정리를 잘한다.	시간 약속을 잘 지킨다.	라면을 잘 끓인다.	신발 끈을 잘 묶는다.
공 던지기를 잘한다.	편식하지 않고 잘 먹는다.	보드게임을 잘한다.	포기하지 않고 끝까지 한다.
친구 이야기를 잘 들어준다.	머리를 잘 묶는다.	줄넘기를 잘한다.	발표를 잘한다.

칭찬하고 싶은 친구를 찾고, 친구가 잘하는 일을 찾아 표시해보세요.

이야기를 잘한다.	친구를 잘 기다려준다.	심부름을 잘한다.	집안일을 잘 도와준다.
책상정리를 잘한다.	시간 약속을 잘 지킨다.	라면을 잘 끓인다.	신발 끈을 잘 묶는다.
공 던지기를 잘한다.	편식하지 않고 잘 먹는다.	보드게임을 잘한다.	포기하지 않고 끝까지 한다.
친구 이야기를 잘 들어준다.	머리를 잘 묶는다.	줄넘기를 잘한다.	발표를 잘한다.

2 주변에 칭찬하고 싶은 사람을 3명 골라 적어보세요.

이름: 칭찬: (   )을 잘한다.

이름: 칭찬: (   )을 잘한다.

이름: 칭찬: (   )을 잘한다.

3 2번에서 고른 친구에게 칭찬하는 일을 역할극으로 연습해보세요.

(   )야, 넌 (   )을 잘하는구나.

(   )야, 넌 (   )을 잘하는구나.

(   )야, 넌 (   )을 잘하는구나.

친구에게 사과하기

경계선 지능 아동은 자신이 실수를 저지를 때 신속하게 상황을 파악하고 적절한 사과를 하거나 상황을 정리하는 능력이 부족하다. 이럴 때 부모나 교사가 아동에게 상황에 관해 설명해주거나 설득하려고 해도 이를 받아들이지 못하고 쉽게 화를 내고 짜증을 부린다. 이로 인해, 고집을 부리는 것으로 오해해서 결국 혼나거나 부정적인 평가를 받게 되면서 대처하는 방법을 학습하지 못하는 경우가 허다하다. 이러한 양상이 나타나는 것도 경계선 지능 아동의 **낮은 인지능력**과 관련이 있다는 걸 기억해야 한다. 그들은 낮은 인지능력으로 인해 주변 상황을 정확하게 이해하고 상황에 맞게 어떻게 행동해야 하는지 결정하거나 판단하는 것이 어렵기 때문이다. 특히, 자신이 익숙하지 않은 상황이나 곤란한 상황에 닥쳤을 때, 침착함을 잃고 당황하여 서두르거나 허둥거리다 성급한 판단을 내릴 수 있다.

이렇듯 경계선 지능 아동은 자신에게 벌어지는 상황의 전후 관계를 따져보고 앞으로 일어날 일을 예측하는 것이 어려우므로 주변 사람들에게는 충동적이고, 성급하고, 까다로운 아이로 보일 수 있다. 어떤 경우에는 감정 기복이 심하고 반항적 행동 문제까지 동반되는 예도 있어, 주변의 부정적인 피드백을 더 많이 받게 되기도 한다. 결국, 경계선 지능 아동은 방어적인 태도를 보이게 되고 자존감이 낮아지게 된다. 그 때문에 자신의 마음과는 달리 공격적인 말투와 행동을 나타내는 경우가 있다.

순한 기질의 경계선 지능 아동들은 학교나 또래 관계에서 좌절과 실패를 오랫동안 경험하면서 실패감은 높아지고 자아 존중감은 낮아져 쉽게 위축된다. 이러한 특성으로 인해 경계선 지능 아동은 나이에 비해 잘 토라지고 서운한 마음을 느끼거나 고집을 잘 부리는 등 어린아이와 같은 미숙한 태도를 보이기도 한다. 따라서 경계선 지능 아동에게 사과하는 방법을 알려줄 때는 상황을 정확하게 파악하도록 돕고, 자신의 잘못을 인정하고 결과를 받아들이는 과정이 우선시되어야 한다.

나는 친구들과 친해지고 싶어서 장난을 친 건데, 왜 그렇게 다들 기분 나빠 하는지 잘 모르겠다. 다른 아이들이 하는 말을 나도 따라서 했고, 재미있어 보여서 친구에게 헤드록을 걸었는데, 왜 나한테만 이렇게 화를 내고 사과하라고 하는지 선생님들은 참 너무하다. 다른 아이들은 잘못해도 그냥 넘어가는 것 같은데, 왜 나한테만 지적하고 혼을 내는 걸까. 나보다 더 잘못한 아이들도 많은데…. 부모님도 내 마음은 하나도 모르고 학교에서 전화가 왔다면서 학교생활을 잘하라고 화만 내신다. 정말 짜증이 나고 억울하다.

사과하기 기술

1 무슨 일이 일어났는지 주의 깊게 듣는다.

2 내가 한 일에 대해 생각한다.

3 그 일이 잘못이었는지 옳았는지를 결정한다.

4 내가 잘못한 일이라면 잘못을 인정한다.

5 결과를 받아들이고 불평하지 않는다.

6 무슨 말을 할지 생각한다.

7 상대방에게 사과한다.

함께 연습해요!

상황 1 시간을 제대로 확인하지 않아서 약속 시각에 늦었다.

잘못한 부분:

사과하는 말: 내가 (다른 숙제를 하느라고 시간을 못 보고 약속 시각에 늦어서) 미안해.

교실에서 급하게 뛰어가다가 친구를 밀었다

잘못한 부분:

사과하는 말:

모둠 활동에서 내가 집중을 하지 못해서 우리 팀 과제를 시간 안에 완성하지 못했다

친구에게 요청하기

경계선 지능 아동은 주의력과 기억력이 또래들보다 미흡해서 다양한 어휘를 습득하거나 언어능력을 발달시키는 데 어려움을 겪는다. 게다가 이들은 언어를 이해하는 능력에 비해 표현하는 능력이 상대적으로 낮은 경향을 보인다. 따라서 학습이나 또래 상황에서 언어표현력의 부족으로 인해 의사소통할 때 많은 어려움을 느낀다.

이러한 특성으로 인해 대체로 타인과 상호작용하는 것을 매우 어려워하고, 쉽게 다가서지 못하고 주변을 맴도는 경우가 많이 생긴다. 자기 의사를 명확히 표현해야 하는 상황에도 주장을 제대로 펼치지 못하고 의견을 내야 할 때도 모른다는 식으로 회피하는 경우가 많다. 자신에게 필요한 것을 요구하거나 요청하지 못해 어려움을 겪는 경우도 많은 편이다. 현재뿐 아니라 성인으로서 독립하기 위해서는 이러한 기술은 필수요소이므로 방법을 익히도록 연습해야 한다.

나도 쉬는 시간에 다른 아이들과 같이 어울려서 놀고 싶다. 그런데, 왠지 내가 다가가면 아이들이 싫어하는 것 같아 같이 놀자고 말을 꺼내기가 어렵다. 막상 아이들과 함께 섞여도 나는 아이들이 하는 이야기나 게임도 잘 모르고, 같이 있어도 재미없는 경우가 많다. 나는 보드게임을 좋아하는데, 아이들은 연예인이나 게임 이야기만 한다. 내가 좋아하는 게임을 같이하자고 이야기해보고 싶다.

요청하기 기술

1 내가 원하는 것을 긍정적으로 표현한다.

2 친구가 이해할 수 있도록 구체적으로 설명한다.

3 문장의 끝은 명령이 아닌 질문 형식으로 요청한다.

함께 연습해요!

상황 1 학교에서 화장실에 혼자 가기 무서울 때

원하는 것:

요청하는 말: 내가 화장실에 혼자 가기가 무서운데 같이 가줄 수 있을까?

상황 2 쉬는 시간에 친구들과 같이 보드게임을 하고 싶을 때

원하는 것:

요청하는 말:

상황 3 체육 시간에 친구와 같은 팀이 되고 싶을 때

원하는 것:

요청하는 말:

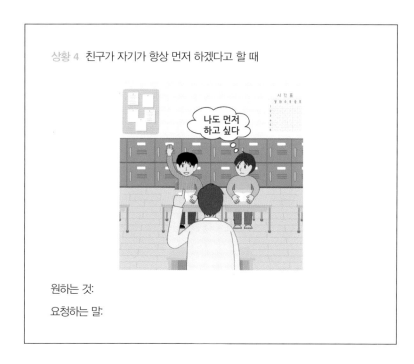

상황 4 친구가 자기가 항상 먼저 하겠다고 할 때

나도 먼저 하고 싶다

원하는 것:

요청하는 말:

친구의 부탁에 거절하기

경계선 지능 아동은 사회적인 상황을 이해하는 영역이 저조하다. 낮은 주의력과 기억력으로 인해 행동 문제를 유발하고 결국 부모와 교사로부터 부정적인 피드백을 받게 된다. 또한, 경계선 지능 아동은 인지능력이 제한돼 있어 무엇을 말해야 할지 잘 모를뿐더러, 해야 할 말을 알고 있더라도 표현하는 방법을 찾기 어려워한다. 생각을 표현할 단어를 찾거나 조합하는 과정도 느린 편이다. 그러므로 자기 생각을 표현할 때 적당한 어휘를 바로 떠올리지 못해 망설이거나, 반복하거나, 대충 말해 버리는 식으로 표현하게 된다.

경계선 지능 아동은 상황 판단과 대처능력이 부족하므로 부당한 대우를 받아도 이에 대해 저항하지 못한다. 오히려 이러한 행동이 순하고 양보심이 많은 아이로 인식되어 칭찬을 받는 경우도 있다. 더욱이 자신에게 잘해주는 대상에 의존하거나 관심을 받고 싶어 하는 욕구도 높은 편이라 싫더라도 자기 생각이나 입장을 정확하게 전달하는 데 어려움을 겪는다. 한편으로는 상황에 적절하게 자신의 욕구를 지연시키지 못하고 분노를 조절하지 못하는 모습을 보여 **매우 까다로운 아이**로 인식되기도 한다. 이러한 사회관계의 미성숙함과 부적절성은 대등하고 건강한 또래 관계의 형성을 방해한다. 경계선 지능 아동이 거절하기 기술을 배워야 하는 이유가 여기에 있다.

예시

요즘 나는 학교에 친구가 없다. 이상하게 아이들이 나를 싫어하는 것 같다. 다행인 건 나에게도 내 편이 있다는 것이다. 바로 초등학교 동창인 영철이다. 서로 다른 중학교에 입학하면서 거의 못 봤는데, 우연히 연락이 되고 같이 놀다 보니 마음도 통하는 것 같다. 영철이는 용감하고 내가 알지 못하는 것들에 대해 경험도 많이 해본 것 같다. 이번 주말에 나에게 새로운 경험을 해보자고 얘기하던데, 과연 어떤 일인지 기대가 된다. 다른 아이들은 영철이가 몰래 나쁜 짓을 하다가 걸린 적이 있는 아이라고 얘기하는데, 나는 그런 말을 믿을 수 없다.

거절하기 기술

1 다른 아이들이 내가 하길 바라는 일이 무엇인지에 대해 생각한다.

2 만약 내가 그 일을 한다면 어떤 일이 발생할지에 대해 생각한다.

3 그 일을 하는 것이 나쁜 일인지 결정한다.

4 만약 나쁜 일이면 '안돼'라고 말한다. Yes 또는 No를 분명하게 밝힌다. 거절하는 이유를 내 욕구나 권리에 집중한다.

5 만약 상대방이 그 이유를 물어본다면, 왜 내가 그 일을 하지 않기로 했는지 말한다. 다른 방법을 제시할 수 있다.

함께 연습해요!

상황 1 친구가 게임 ID를 빌려달라고 할 때

나에게 원하는 것:

어떤 일이 발생할까?:

거절하는 말: '아니, 그건 어려울 것 같아!'라고 한다.

상황 2 친구가 나도 필요한 준비물을 빌려달라고 할 때

나에게 원하는 것:

어떤 일이 발생할까?:

거절하는 말:

상황 3 엄마가 학교 끝나고 바로 오라고 했는데 친구가 같이 PC방에 가자
고 할 때

나에게 원하는 것:

어떤 일이 발생할까?:

거절하는 말:

친구의 의견이나 기분에 공감 표현하기

경계선 지능 아동은 지적 능력의 제한으로 인해, 상황에 맞게 적절하게 자
기감정을 표현하거나 타인의 감정에 공감하고 적절하게 반응하는 것을 어

려워한다. 경계선 지능 아동은 자신의 감정을 스스로 인식하고 이해하는 데 어려움이 있어 제 나이보다 유아적이고 미성숙한 정서 양상을 나타내는 것이다. 게다가 의사소통하는 능력이 부족하고 대처하는 방법도 미흡하여 사소한 일에도 부정적인 감정과 스트레스가 쌓이게 된다.

이런 감정을 평상시에 잘 표현하지 못하다가, 자기도 모르게 또래 관계나 낯선 상황에서 감정이 폭발하는 경우가 생길 수 있다. 특히 학년이 올라갈수록 경계선 지능 아동은 복잡한 상황에서 친구가 어떻게 생각하는지, 어떤 기분인지에 대해 인식하는 것이 느린 편이다. 설령 알아차린다 하더라도 대응하는 방법을 몰라서 더 많은 어려움을 느끼게 된다. 이러한 상황이 지속되면 다음의 사례처럼 친구 사귀기가 어려워지고, 이러한 고립감은 불안, 우울, 사회적 위축, 학교 거부, 자살위험 등의 정서·사회 문제의 원인이 될 수 있다.

따라서 경계선 지능 아동의 공감 능력을 향상하기 위해서는 자신의 감정을 이해하고 공감하는 것이 선행되어야 한다. 자신의 감정을 이해하는 것에서부터 타인의 감정에 공감하는 것으로 연결된다면 느리고 미숙하더라도 좀 더 공감하는 방법을 발전시켜나갈 수 있을 것이다.

나에겐 수정이라는 친구가 있다. 수정이는 마음씨도 착하고 이모티콘 캐릭터를 그리는 걸 좋아하는 취미도 같아서 같이 있으면 편하고 좋다. 그런데, 요즘 수정이에게 서운한 마음이 들어 왠지 거리감이 생긴다. 얼마 전, 옆 반 미정이가 다른 친구들에게 내 험담을 하고 다녀 화가 나서 수정이에게 얘기했는데, 내 마음도 몰라주고 그냥 웃기만 하는 게 아닌가. 어떤 때는 어린아이처럼 자기 마음에 들지 않으면 울거나 혼자 폭발할 때도 있다. 수정이는 너무 어린아이같이 행동하고, 나에게 관심도 없고 내 기분을 잘 모르는 것 같아 더 대화하고 싶지 않다.

공감 표현하기 기술

1 친구의 입장이 되어 친구의 감정을 알아준다.

2 친구가 느끼는 감정의 원인이 되는 상황을 알아본다.

3 친구가 그 상황에서 느끼는 감정을 이야기한다.

4 만약 나도 너와 같은 상황이라면 나도 같은 감정이었을 거라고 이야기한다.

함께 연습해요!

상황 1 친구가 "어제 다른 반 애들이 내 욕을 해서 속상해"라고 말한다.

원인 : 　　　　　　　　　　친구의 감정 :

네가 (친구들이 험담해서) (속상)하구나.

만약 (친구들이 험담한) 상황이라면 나도 (속상하다고) 느낄 것 같아.

상황 2 친구가 자신에게는 연락도 없이 다른 아이들과 놀러 갔다는 사실을
        알고 화를 낸다.

원인 :   친구의 감정 :

네가 (   ) (   )하구나.

만약 (   ) 상황이라면 나도 (   ) 느낄 것 같아.

상황 3 친구가 지나가는 길에 모르는 아이들이 자신을 놀려서 창피했다고
        한다.

원인 :   친구의 감정 :

네가 (   ) (   )하구나.

만약 (   ) 상황이라면 나도 (   ) 느낄 것 같아.

경계선 지능 아동과 문제해결기술

살다 보면 여러 가지 상황 속에서 문제를 접하게 된다. 이러한 문제해결 상황에서 중요한 것이 무엇인지, 어떤 순서로 문제를 풀어나갈지, 어떤 결과가 발생할지를 예측하여 자신에게 좋은 결과를 얻을 방법을 찾아야 할 때, 이런 일을 잘 해결하는 것은 누구에게나 쉬운 일은 아니다. 특히 경계선 지능 아동의 경우 인지능력의 저하로 인해 복잡한 일을 깊게 생각하는 것에도 부담을 느끼고, 주의집중의 한계로 문제를 해결하지 못해서 어려움이 발생한다. 경계선 지능 아동이 문제해결을 어려워하는 데는 결국 아동이 지닌 **인지, 정서적인 측면**과 관련이 있다.

경계선 지능 아동은 문제가 발생한 상황에서 상황이나 사물들의 관계를 이해하고, 유사점과 차이점을 구분하며, 이전에 알고 있는 것과 새로운 정보를 연결해서 이해하는 데 필요한 개념의 이해가 어렵다. 추상적인 설명을 이해하는 것이 어려워 추상적 사고의 형성에도 어려움이 많다. 또한 전략적인 사고능력의 사용에도 어려움을 보여서 그것을 받아들여 자신의 말로 표현하고 자신이 들은 것을 이해하는 능력이 미흡하다. 복잡한 상황에서 적절한 전략을 세우는 데 어려움이 크기 때문에 쉽게 포기하거나 즉흥적으로 대처하는 경우가 많다. 기존에 자신이 준수하던 방법을 버리고 새로운 방법을 찾는 것에도 적응하기 힘들어하는 모습을 보인다.

경계선 지능 아동의 이러한 양상은 이전 경험을 통해 배운 것을 새로운 상황에 적용하여 같은 실수를 반복하지 않도록 활용하는 부분에서도 제한적이다. 그래서 새로운 지식을 습득할 때, 스스로 개념적 사고를 활용하지 못해서 시간이 더 오래 소요되며, 스스로 학습하기보다는 누군가가 옆에서 쉽게 설명해줄 때 학습이 잘 이루어진다. 그러므로 복잡한 상황에서 활용할 수 있는 경계선 지능 아동의 **눈높이에 맞는 문제해결기술의 틀**을 이해하고, 반복적으로 연습해서 스스로 활용하도록 도와야 한다.

문제해결의 5단계

일반적으로 문제해결을 하기 위해서는 단계적으로 문제 상황을 분석하고 이에 적절한 대처 방법을 생각해서 가장 좋은 방법을 선택하도록 한다. 또한, 선택한 방법을 시행한 뒤에 발생한 결과를 생각해보고 스스로 평가를 해보는 방법을 이용한다. 경계선 지능 아동도 이러한 방법을 익혀야 한다. 다만, 이들은 새로운 것을 배우기 어려워하고 이전에 학습한 내용과 새로 학습한 내용을 통합하고 조직화하는 데도 어려움이 많다.

그래서 일반 학습에서도 아동의 속도에 맞춰 반복적으로 연습하는 것처럼 일상생활에서 발생하는 문제해결 방법도 반복적인 연습을 통해 습득할 수 있도록 도움을 주는 것이 필요하다. 다음 제시하는 여러 상황 중 아동이 자주 경험하는 상황을 선택해 문제해결기술을 충분히 연습해보고 실제 생활에서 활용할 수 있도록 연결해 보자.

문제해결의 5단계

1 문제와 원인을 확인한다.

2 문제를 해결하기 위해 내가 할 수 있는 것들을 알아본다.

3 가장 좋은 해결책을 선택한다.

4 선택한 해결책을 시행한다.

5 시행한 결과를 평가하고 필요하면 1~4를 반복한다.

문제해결훈련 연습하기

우울한 아동의 경우

상황 1

나는 학교에 가는 게 재미가 없다. 매일 쉬는 시간에 친구들과 함께 보드게임을 하고 싶은데, 친구들이 나와 이야기를 하지 않는다.

1. 문제와 원인을 확인한다.

  : 친구들에게 먼저 다가가서 같이 게임을 하자고 말을 하기가 어렵다.

2. 문제를 해결하기 위해 내가 할 수 있는 것들을 알아본다.

  : 다가가서 먼저 이야기하기, 참기, 혼자 다른 것 하기, 다른 아이들이 관심 있는 놀이를 알아보고 연습해보기

---

3. 가장 좋은 해결책을 선택한다.

  : 먼저 이야기하기 → 친구들이 내 말을 안 들어주거나 무시할 수 있다.

  : 참기 → 아이들과 친하게 지내기가 더 힘들어질 것이다.

  : 혼자서 다른 것 하기 → 점점 혼자 있는 시간이 늘어날 것이다.

  : 다른 아이들이 관심 있는 놀이 알아보기 → 흥미가 없는 놀이거나 따라 하기가 어려운 놀이일 수 있다.

4. 선택한 해결책을 시행한다.

  : 먼저 친구들에게 다가가서 이야기하고 내가 좋아하는 것을 같이 할 수 있는지 물어본다. 요청하기 사회기술을 사용한다. 단, 먼저 친구들의 분위기를 살핀다.

5. 시행한 결과를 평가하고 필요하면 1~4를 반복한다.

상황 2

학교에서는 숙제가 너무 많다. 만들기도 해야 하고, 독후감도 써야 하고, 명심보감도 써오라고 했다. 요즘 힘이 없어서, 과제를 하기가 싫어진다.

1. 문제와 원인을 확인한다.

  : 시간은 부족한데 오늘 끝내야 할 숙제가 너무 많다.

2. 문제를 해결하기 위해 내가 할 수 있는 것들을 알아본다.

  : 중요한 순서대로 먼저 하기, 포기하기, 엄마 도움 찬스 쓰기, 시간표 짜기

3. 가장 좋은 해결책을 선택한다.

  : 중요한 순서대로 먼저 하기 → 시간이 부족하면 숙제를 다 못할 수도 있다.

  : 포기하기 → 엄마와 선생님의 잔소리가 엄청날 것이다. 휴대폰이 정지될 수도 있다.

  : 엄마 도움 찬스 쓰기 → 엄마가 쉽게 도와주지 않을 수도 있다.

  : 시간표 짜기 → 전체적으로 걸리는 시간과 순서를 정할 수 있다.

4. 선택한 해결책을 시행한다.

  : 중요한 순서 위주로 시간표를 짜고 어려운 과제면 엄마에게 도움을 청한다.

5. 시행한 결과를 평가하고 필요하면 1~4를 반복한다.

불안한 아동의 경우

상황 1

일주일 뒤는 시험 기간이다. 지난번 시험에서는 걱정만 하다가 공부를 제대로 하지 못했었다. 이번에는 미리 공부해서 성적을 올리고 싶다. 공부를 더 잘하고 싶은 마음은 엄청 큰데, 막상 공부하는 것은 어렵기만 하다.

1. 문제와 원인을 확인한다.

  : 시험이 다가오고 있다. 공부를 계획적으로 하는 것이 필요하다.

2. 문제를 해결하기 위해 내가 할 수 있는 것들을 알아본다.

  : 노트 정리하기, 문제집 풀기, 시간표 짜기, 한꺼번에 몰아서 하기, 불안한 마음을 차분히 다스리기

3. 가장 좋은 해결책을 선택한다.

  : 노트 정리하기 → 노트 정리하는 데 시간이 오래 걸릴 것 같다.

  : 문제집 풀기 → 과목마다 문제집을 풀어야 문제 푸는 연습을 할 수 있다.

  : 시간표 짜기 → 전체 공부 시간표와 일일 공부 시간표를 짜면 효과적일 것이다.

  : 한꺼번에 몰아서 하기 → 급해서 제대로 공부를 할 수 없을 것 같다.

  : 불안한 마음을 차분히 다스리기 → 심호흡 방법을 활용한다.

4. 선택한 해결책을 시행한다.

  : 불안한 마음을 차분히 심호흡한 뒤, 시간표를 짜서 노트 정리를 하면서

내용을 이해하고, 문제집으로 문제 풀이 연습을 한다.

5. 시행한 결과를 평가하고 필요하면 1~4를 반복한다.

상황 2

오늘 또 영철이에게 [내일 학교 끝나고 PC방에 가자]라는 문자가 왔다. 지난 번에 영철이랑 있었던 사건 때문에 엄마는 다시는 영철이를 만나지 말라고 했는데, 영철이한테 자꾸 연락이 온다. 대답을 안 하면 내일 학교에서 뭐라 고 할 텐데, 어떻게 해야 할지 고민이다.

1. 문제와 원인을 확인한다.

: 영철이에게 거절하는 말을 해야 하는데 말하는 것이 어렵다. 영철이와 내가 함께 노는 것이 나에게 도움이 되지 않는다.

2. 문제를 해결하기 위해 내가 할 수 있는 것들을 알아본다.

: 문자에 대답하지 않기, 선생님이나 엄마에게 부탁하기, 단호하게 거절 하기

3. 가장 좋은 해결책을 선택한다.

: 문자에 대답하지 않기 → 학교에서 직접 얼굴을 보면 영철이가 나를 괴 롭힐 수 있다.

: 선생님이나 엄마에게 부탁하기 → 나보고 마마보이라고 놀릴 수 있다. 당분간은 괴롭히지 않을 것이다.

: 단호하게 거절하기 → 내 말을 듣지 않을 수 있다. 떨려서 제대로 말할 수 없을 것 같다. 영철이가 화를 더 낼 수 있지만 속은 시원할 것이다.

4. 선택한 해결책을 시행한다.

: 만나서 거절하고 이를 거부하면 부모님이나 선생님에게 말씀드린다.

5. 시행한 결과를 평가하고 필요하면 1~4를 반복한다.

분노가 많은 아동의 경우

상황

친구들과 보드게임을 하려는데, 서로 첫 번째 순서를 하겠다고 다투었다. 결국, 가위바위보를 했는데 내가 져서 마지막 순서가 되었다. 너무 화가 나서 소리를 치고 나가버려서 결국 게임도 못 해보고 집에 왔다. 내일 다시 친구들을 만나게 될 텐데 어떻게 행동해야 할까?

1. 문제와 원인을 확인한다.

    : 게임을 하는데 가위바위보를 져서 마지막 순서가 되어 너무 화가 났다.

2. 문제를 해결하기 위해 내가 할 수 있는 것들을 알아본다.

    : 다시는 같이 게임을 하지 않기, 내 마음을 이야기하고 친구들에게 사과하기, 화가 날 때 진정하는 방법 배우기

3. 가장 좋은 해결책을 선택한다.

    : 다시는 같이 게임을 하지 않기 → 재미는 없지만, 속은 편할 것이다.

    : 내 마음을 이야기하고 친구들에게 사과하기 → 지는 느낌이 들 것이다. 다시 친구들과 놀 기회가 생길 수 있다.

    : 화가 날 때 진정하는 방법 배우기 → 화가 날 때마다 잘 활용할 수 있을 것이다.

4. 선택한 해결책을 시행한다.

    : 화가 난 상황에 관해 이야기하고 화를 낸 것에 대해 사과한다. 다음을 위해 진정하는 방법을 배운다.

5. 시행한 결과를 평가하고 필요하면 1~4를 반복한다.

ADHD 아동의 경우

선생님이 유독 나한테만 혼을 내시는 것 같다. 그날 화장실이 급해서 복도를 뛰어가는 중이었는데, 선생님은 복도에서 뛰지 말라고 나를 나무라시고 엄마한테 연락하셨다.

1. 문제와 원인을 확인한다.

   : 선생님에게 복도에서 뛰다가 걸려서 혼이 났다. 내 상황을 설명하는 것이 어렵다.

2. 문제를 해결하기 위해 내가 할 수 있는 것들을 알아본다.

   : 일부러 더 뛰어다니기, 선생님께 설명하기, 엄마한테 말하기, 복도에서 조용히 다니기

3. 가장 좋은 해결책을 선택한다.

   : 일부러 더 뛰어다니기 → 선생님에게 더 지적을 받고 위험할 수 있다.

   : 선생님께 설명하기 → 상황에 대해 순서대로 설명하고 규칙을 어긴 것에 대해서 사과한다. 선생님께 제대로 설명하지 못하고 오히려 혼날 수 있다.

   : 엄마한테 말하기 → 상황에 대해 순서대로 설명한다. 혼날 수 있다.

   : 복도에서 조용히 다니기 → 급하게 뛰지 말고 미리 행동을 생각한다. 급하지만 천천히 하는 연습을 한다.

4. 선택한 해결책을 시행한다.

   : 선생님께 용기를 내서 상황을 설명하고, 엄마에게도 있었던 일을 설명한다. 다음에는 내 행동을 멈추는 신호를 활용해서 조절하도록 한다.

5. 시행한 결과를 평가하고 필요하면 1~4를 반복한다.

경계선 지능 아동들이 경험하는 정서, 사회 문제는 개인마다 그리고 상황마다 다양하다. 그래서 이러한 문제가 있을 때마다 '반드시 이렇게 해야 해'라는 공식 불변의 법칙은 존재하지 않는다. 다만, 경계선 지능 아동의 인지적 특성을 고려하여 어떻게 효과적으로 의사소통하며, 아동의 정서, 사회 문제를 도울 수 있을지 살펴볼 필요가 있다.

교육, 상담 및 심리치료에서 경계선 지능 아동의 부모 및 교사들이 가장 많이 하는 질문 위주로 Q & A를 살펴보면서 다양한 실천방법을 가정, 학교 등에서 적용해보자.

4교시.

경계선 지능 아동의
정서 및 사회성 Q & A
"이럴 땐 어떻게 하면 좋을까요?"

경계선 지능 아동의
"정서 다루기"를 위한 부모와 교사의 역할

쉽게 화를 내며 짜증을 부리는 아이

**Q 1. "아이가 숙제든 게임이든 조금만 실패해도 쉽게 화내고, 짜증을 부려요.
그리고 더 이상 시도조차 하려고 들지 않아요."**

먼저 경계선 지능 아동은 정보처리 속도가 느린 편이다 보니, 복잡한 과제나 새롭고 낯선 것들을 익히는 데 시간이 걸리는 편이지요. 그래서 같은 내용의 과제라 할지라도 평균 이상의 지능을 가진 아이들에 비해 더 많은 실패를 경험할 수밖에 없어요. 특히 학습 장면에서 반복되는 실패 경험은 경계선 지능 아동이 쉽게 할 수 있는 과제가 주어져도, "안 해, 싫어"라는 생각이 들고, 작은 실수에도 "짜증 나. 그러니깐 내가 안 한다고 했잖아. 나는 못한다고"라는 식의 말을 하게 돼요. 이 모습을 보면 부모나 교사는 답답하고 또 한편으로는 화가 나면서 어떻게 해야 아이가 의욕을 갖게 될까 고민하게 되지요.

solution 1.

먼저 과제가 아동의 인지적 수준에 맞는지, 혹은 주어진 시간 내에 할 수 있는 과제의 양인지, 마지막으로 그 과제를 완수할 만한 시간이나 기한을 충분히 줬는지를 살펴볼 필요가 있어요. 이때 경계선 지능 아동별 개인의 인지적 특성이 고려된다면 더욱 좋은 해결책을 마련해볼 수 있어요.

예를 들어, 어떤 아동은 주의집중이 어려워 과제에서 자꾸 실패한 경험이 누적된 거라면, 과제나 어떤 활동을 할 때 주의집중을 잘 할 수 있었는지 살펴보고 이를 활용하면 돼요. 혹은 과제 수행 시 주의집중 방법을 함께 알려준다면 과제에서 성공의 경험이 누적될 수 있겠죠. 어떤 경계선 지능 아동은 복잡한 인지 과제, 정신적 노력이 더욱 요구되는 과제 수행이 힘들어서 실패의 경험이 많았다면 과제 시작 전, 아동과 함께 과제를 낮은 수준, 혹은 작은 단위로 쪼개어 보며 성공의 경험을 누적시키는 것이 도움이 된답니다.

solution 2.

누적된 실패에 '상처 입은' 경계선 지능 아동의 마음을 어떻게 읽어주고, 도움을 줄 수 있을까요? 사람마다 과제에 실패할 때마다 '낙담', '슬픔', '좌절', '실망', '희망 없음', '짜증', '분노' 등 다양한 감정을 느낄 수 있어요. 아동이 말하는 "짜증 나"의 이면에 숨겨진 감정을 읽어주고, 그 감정이 어느 정도인지 수량화해서 말해보도록 물어볼 수 있답니다.

이러한 과정은 아동에게 자신의 감정을 인식하도록 도움을 줄 수 있고, 눈에 보이지도 손에 잡히지도 않는 감정을 수량화했을 때, 보이는 것 같은 그리고 손 위에 올릴 수 있는 것 같은 속성으로 감정을 다룰 수 있어요. 또한 감정이란 충분히 '다룰 수 있는, 그래서 내가 조절 가능한 것'이 되도록 도움을 주지요. 그렇다면 구체적으로 어떻게 아이와 대화할 수 있는지 살펴보면서 함께 일상생활에서 적용해 보세요.

아이 엄마, 나 이거 못 할 것 같아. 그냥 안 하면 안 돼?

엄마 숙제를 시작할 때, OO이가 어떤 기분이 들었는지 말해줘. 그러면 엄마가 너를 더 잘 이해할 수 있을 것 같아.

아이 막 짜증 나. 그냥 하기 싫어. 어차피 못 할 것 같은데 왜 다들 이렇게 어려운 것만 내는 거야.

엄마 OO이가 숙제 때문에 짜증이 나는구나. 그런데 어차피 못할 것 같다고 생각하니깐 기분이 어떤데? → "아이의 생각을 찾아 기분을 물어봐 주세요. 기분은 생각에 따라 달라지거든요."

아이 그냥 했다가 틀리면 선생님이 X 표시하고, 또 막 빨리 끝내라고 하고 그러니깐….

엄마 그때 우리 OO이 기분이 어때? 슬퍼? 막 긴장되거나 약간 초조한가? 아니면 화가 나는 건지. → "아이가 기분 찾기를 힘들어한다면, 어떠한 기분이 있는지 감정의 이름을 여러 개 알려주는 것도 방법이에요."

아이 조금 긴장되고, 두근두근해.

엄마 그렇구나. 그러면 그 긴장되는 기분이 어느 정도야? 엄마한테 크기를 알려주면 너 기분을 더 잘 알 것 같아(이때, 1~10, 1~100과 같은 수량으로도 물어볼 수 있음). → "아이의 연령이나 인지적 수준에 따라 수량화할 수 있도록 도와주세요. 이때 시각적인 온도계나 자, 화산 폭발 등 시각 자료를 활용하면 아이가 훨씬 쉽게 이해할 수 있어요."

아이 이만큼(축구공만 한 크기를 그리며)

> 엄마 OO이가 이만큼(축구공만 한 크기를 그리며) 긴장했구나. 그러면 엄마
> 랑 같이 네가 할 수 있는 부분부터 먼저 하고, 그다음 어려운 것, 그다
> 음 어렵게 느껴지는 것 나누어서 차례대로 해보자. → "경계선 지능 아동
> 은 주어진 과제를 조직화하기 힘들어할 수 있어요. 특히 긴장이나 불안감이 높은
> 아동에게 과제의 양이나 수준을 쪼개고, 그리고 난이도가 낮은 순서대로 조직화
> 하여 한 단계씩 차례대로 성취할 수 있도록 도와주어야 해요."

공부를 지루해하고 귀찮아하는 아이

Q 2. 공부와 관련된 것만 가져와도 아이가 지루해하고 귀찮아해요. 공부할 때마다 지옥이에요. 부모와 선생님과 즐겁게 공부할 수 있는 방법이 따로 있을까요?

배움이라는 것 자체는 사실 즐거움이고 감동이지요. 하지만 그 과정이 모두에게 언제나 즐겁지만은 않아요. 부모와 교사도 부모, 교사이기 전, 학생이었을 때를 떠올려보면 모든 학습 과정이 행복하지만은 않았거든요. 그런데 부모, 교사가 되고 나서 갑자기 이전에는 없던 불문율이 생기게 되는 것 같아요. 예를 들어 '공부는 항상 즐겁게 해야 한다', '즐거운 공부는 성공, 성취에 달려있다'와 같은 식이지요.

그런데 한 번 생각해봐야 할 점은 오늘 하루 중 소리 내어 웃으면서 공부한 시간이 없었을지라도, 공부할 때 그 힘든 시간을 인내하며 주어진 과

제를 해냈다면 이는 성공일까요, 실패일까요? 또 오늘 목표한 10문항 중 7 개를 틀렸지만 학습 태도예시) 공부 시작 전 화장실 다녀오기, 준비물 챙겨오기, 스스로 문제 풀이하기 등가 좋았다면, 이는 성공일까요? 실패일까요?

경계선 지능 아동의 경우, 일반 아동보다 주의집중 시간이 짧고, 정보의 기억 및 인출 능력이 부진하며 전반적으로 추상적 사고와 문제해결력이 부족한 인지적 특성을 보여요. 그래서 학습의 '능력'으로만 피드백하게 되면 언제나 '실패투성이, 문제아, 부족한 아이'의 꼬리표를 달게 되지요. 사실 이러한 학습 능력에 대한 성공이나 성취가 아동의 적응에 중요한 부분이기는 하나, 단기간에 이러한 인지적, 학습적 능력을 끌어올리기에는 어려움이 많은 것도 사실이에요.

solution

부모 및 교사가 원하는 것이 아동과 함께 '뭔가를 배우는 것이 즐거운 시간', '배움을 통해 즐거운 시간을 공유하는 건강한 관계'가 목표라면 일차적으로 학습능력보다는 학습 태도에 긍정적인 피드백과 칭찬을 해주는 것이 중요해요. 이를 위해서는 10개 중 7개를 틀렸을지라도, 학습 과정에서 중간마다 "오늘은 정말 하기 싫을 텐데 그래도 잘 참고 3번까지 풀고 있구나", "오늘은 필기구랑 필요한 책도 혼자서 준비하고, 대단한데?"라며 아동의 학습 태도에 미소와 칭찬을 보내 보세요. 다음의 표처럼 내가 관찰한 우리 아이의 건강한 학습 태도를 찾아보고, 이를 어떻게 칭찬하고, 격려해 줄 수 있는지 적어본 후 일상생활에서 적용해 보도록 해요.

학습 태도	격려, 칭찬의 말
내가 관찰한 우리 아이의 좋은 학습 태도는?	어떻게 칭찬하고 격려해 줄 수 있을까?
시작 전 화장실 다녀오기	공부 시작 전 필요한 일을 먼저 스스로 했구나.

시험만 다가오면 배가 아프고, 긴장하는 아이

Q 3. 시험만 다가오면 아이는 배가 아프다고 하고, 너무 긴장하는 것 같아요. 어떻게 도와줄 수 있을까요?

감정은 반드시 몸으로 나타나요. 우리는 어떤 감정을 느끼게 되면 얼굴 근육, 피부, 심장 박동 수, 혈압, 몸의 근육 긴장도 등이 모두 달라지는 것을 느끼지요. 특히 우리 몸의 교감신경은 긴박하고, 위험하며 두려운 상황에 놓이게 되면 더욱 활성화돼요.

예를 들어 우리가 숲에서 호랑이를 만나게 되면 교감신경이 작동하면서 혈관이 수축하고 호흡이 빨라질 뿐만 아니라, 생존을 위해 최대한 빨리 달려야 하니 혈중 포도당 농도를 높이면서, 혈액을 창자에서 심장, 근육으로 이동시켜요. 이러한 교감신경은 자극이 되면 주로 온몸에서 반응이 나타나는데, 생명에 필수적이진 않지만 주로 스트레스 또한 급격한 자극에 대처하는 기능이 있어요.

따라서 호랑이로부터 우리를 생존시켜줄 수는 있지만 급격한 외부 자극에 적응하지 못하게 하는 어려움이 있지요. 그런데 현대사회에서 우리는 호랑이를 마주칠 확률이 명백히 줄어들었지만, 우리의 몸은 호랑이를 만난 것처럼, 시험 때도 성적을 받을 때도 시험과 성적에 오경보를 울리지요. 이때는 아동에게 시험과 성적은 호랑이가 아님을, 즉 오경보임을 알려주고 몸을 편안하게 만들어 주는 게 필요해요. 다음의 대화를 함께 보면서 연습해 보아요. 무엇보다 구체적으로 아동이 다양한 신체적 증상으로부터 자신의 몸을 편안하게 만들 수 있는 방법, 어쩌면 무기 같은 것을 손에 들려주는 것이 필요해요. 아주 구체적인 방법으로 말이죠.

아이   엄마, 나 머리 아파. 그냥 수행평가 안 하면 안 될까?

엄마   수행평가 할 생각하니깐 답답하고 긴장되는구나.

아이   막 짜증도 나고 아무튼 너무 머리 아파.

엄마   수행평가 하려니깐 어떤 생각이 자꾸 드는데?

아이   어차피 해봤자 잘 못 하고, 애들이랑 같이 하는 건데 내 부분만 이상하다고 막 뭐라 하고….

엄마   네가 한 부분을 친구들이 뭐라 할까 봐 걱정되는구나. 그런 생각이 들 때는 엄마처럼 '잠깐' 멈추고 말해 봐. "그런 일이 안 벌어질 수도 있어. 내 예측이 다 맞는 건 아니야~"라고. → "오경보가 울리면 잠시 멈추고, 적응적인 생각을 할 수 있도록 도와주세요. 좋은 생각은 많이 할수록, 더욱 믿게 되거든요."

> 엄마 배가 아프고, 오늘처럼 머리가 아프고 또 가슴이 답답해지고 할 때면,
> 엄마처럼 해 봐. 숨을 들이 마시고, 내쉬고, 또 몸도 딱딱하게 긴장되
> 게 만들었다가 다시 부드럽고 편안하게 만들어 봐. → 호흡, 이완 연습을
> 통해 몸을 편안하게 만들면 기분이 달라지고, 좋은 생각을 할 수 있는 기회를 만
> 들 수 있어요.

부모가 말할 때마다 딴청을 피우고 제대로 듣지 않는 아이

Q 4. 엄마, 아빠가 말할 때마다 자꾸 딴청을 피우고, 제대로 듣지 않아서 아이를 더 혼내게 되는 것 같아요. 아이에게 어떻게 말하고, 어떻게 도와 줘야 할까요?

먼저 고려해야 할 부분은 경계선 지능 아동이 ADHD와 같은 근본적인 주의력 문제를 가졌는가, 하는 점이에요. 이를 위해서는 경계선 지능 아동의 경우, 선별 초기에 종합심리검사를 통해 문제가 어느 부분에서 기인하였는지, 어느 정도의 어려움을 가졌는지 보다 체계적으로 살펴보는 것이 필요해요. 일반적인 답변을 하자면, 경계선 지능 아동의 경우 일반 아동보다 주의집중 시간이 짧은 부분도 있겠고, 또한 사회적 민감성과도 관련이 있을 수 있어요.

만약 아동의 주의집중 시간이 짧은 경우, 먼저 부모, 교사의 언어적 지

시가 너무 길거나 장황하지 않은지 확인해 봐야 해요. 예전 초등학생 시절, 운동장에서 교장 선생님의 훈화 말씀을 들었던 때를 한 번 떠올려 보세요. 어떤가요? 우리도 그때 집중하기가 힘들어 무슨 이야기를 들었는지조차 기억나지 않고, 딴청을 피우지 않았나요? 주의집중 폭이 짧은 아동에게는 훈육 시, 문장을 짧고 명료하게 전달해야 해요. KISS Keep It Short and Simple를 기억하고, 적용해 볼 수 있고, 특히 청각적 정보보다는 시각적 정보에 우리는 주의를 잘 기울이는 특성을 보이지요. 그래서 우리는 청각적 정보 전달식 강의보다는 그림, 삽화, 동영상 등을 활용하여 발표할 때 그 의미가 잘 전달되고, 청자로 하여금 발표에 더욱 집중하고 참여하도록 돕는 장점이 발휘되지요.

따라서 경계선 지능 아동이 만약 근본적인 주의력 문제를 동반하고 있는 경우라면, 더더욱 부모, 교사의 지시를 효과적으로 잘 전달할 수 있도록 이미지, 그림을 활용하는 것이 좋아요. 그렇다고 매번 포스터 형식의 그림을 그려서 의사소통할 수 없으니 아동에게 훈육이 주로 필요한, 즉 아동의 문제행동이 주로 일어나는 장소에 종이와 펜을 항시 두고 필요할 때마다 간단하게라도 그림을 그리며 훈육하는 것도 좋은 방법이에요. 아동이 즉시 수행 가능한 지시는 되도록 부모나 교사의 지시 후 바로 실천할 수 있도록 도와주세요. 이때 지시도 구체적이며 명확하게, 측정 가능한 행동으로 지시해야 해요. 예를 들어, "다음부터는 그러지 마"보다는 "지금 바로 책상 위 쓰레기를 쓰레기통에 버리자"와 같이 아동에게 문제행동에 대한 통제보다는 대처, 즉 새로운 적응 행동을 배울 수 있도록 지시해 주어야 해요. 만약 바로 그 지시를 수행했다면, 그 결과에 따른 칭찬이나 피드백도

즉각적으로 주는 것이 좋아요.

또 다른 하나는 사회적 민감성과도 관련 있을 수 있어요. 즉, 부모나 교사의 훈육을 들어야 할 필요성을 아동이 인식할 때 어른의 훈육을 보다 주의 깊게 들을 수 있겠죠. 자신의 문제행동에 대한 원인과 결과, 사회적인 맥락과 규칙에 대한 이해, 추론적 능력을 바탕으로 사회적 상황을 민감하게 파악할 수 있게 돼요. 그런데 경계선 지능 아동의 경우, 위와 같은 인지 능력의 부진으로 인해 "나의 어떤 행동으로 인해 지금 이렇게 엄마, 아빠한테 혼나고 있는 거지? 이해가 안 되네"라며 생각할 수도 있어요. 따라서 단순한 문제행동에 대한 훈육보다는 아동이 처한 상황에서 원인과 결과, 예상되는 일 추론해보기, 숨겨진 사회적 맥락과 규칙에 대한 가르침이 함께 필요해요.

마지막으로 경계선 지능 아동을 **느린 학습자, 거북이 학습자**라고 불리는 것처럼, 부모도 교사도 함께 느리게 걸으며 함께 성장하는 기회가 되기 위해서는 이러한 문제 상황이 벌어질 때마다 우리는 환영해야 해요. 이런 기회가 아니면, 아동에게 필요한 것을 적절히 가르쳐줄 기회가 흔치 않으니까요.

자신의 기분을 꼭꼭 숨기는 아이

Q 5. 아이가 자신의 기분을 잘 꺼내지 않아요. 분명 뭔가 속상하거나 걱정되는 게 있는 것 같은데, 계속 물어봐야 할까요? 아니면 모르는 척 기다려 줘야 할까요?

궁극적으로 경계선 지능 아동에게 도움을 주어야 하는 것은 "자신의 감정을 언어로 표현"하도록 돕는 거예요. 최근 미국 캘리포니아대 심리학과 Lieberman 교수팀 연구에 따르면, 감정을 표현하는 과정, 즉 "내가 지금 슬프고, 화가 나"와 같이 감정을 말로 표현하는 것만으로도 불편한 감정이 조절된다고 해요.

그렇다면 우리는 아동이 어떻게 자신의 감정을 표현할 수 있도록 도와야 할까요? 이러한 고민은 경계선 지능 아동이 아니어도 많은 부모와 교사가 걱정하고 고민하는 질문이기도 하지요. 다만 이들은 자신의 감정을 표현하기 위해 필요한 언어적 표현능력, 의사소통능력이 부진하여 감정을 표현하는 게 더욱 어려울 수 있기 때문에 평상시 어휘력과 조리 있게 문장을 구성하여 자기 생각, 의사, 감정을 표현하도록 도울 필요가 있어요.

또 하나 생각해 볼 수 있는 것은 경계선 지능 아동의 경우 부정적인 피드백과 잦은 실패로 인해 "나는 무능력해", "어차피 말해봤자 소용없어"와 같은 왜곡된 생각이 자리 잡고 있을 수도 있다는 거예요. 따라서 만약 아동이 이러한 생각으로 인해 자신의 감정을 표현하기 어려워한다면 감정을 표현하는 것이 나에게 어떠한 도움, 어떠한 이득이나 장점이 있는지를 함께 설명해 줄 필요가 있어요.

마지막으로 평상 시 부모와 교사도 감정을 언어로 표현하는 모델링을 보여주는 것이 도움이 될 수 있어요. 중요한 것은 단지 감정의 이름뿐만 아니라 그 정도도 함께 표현해 주는 것이지요. 예를 들어 "엄마는 지금 답답한 마음이 4점 정도야", "선생님은 지금 고마운 마음이 이만큼_{아동의 연령에 따라 수량 혹은 크기, 손짓 등으로}이야"라며 아동에게 자연스럽게 일상 중에 자신의 감정과 그 정도를 표현하고 "너에게 말하고 나니깐 지금은 2점 정도로 줄었어"라며 감정이 변화할 수 있음을, 그리고 언어로 표현하니 감정이 조절될 수 있음을 좋은 모델이 되어 보여줄 수 있어요.

감정은 '느끼는 것'일까? '인지하는 것'일까?

정서를 담당하는 뇌의 부위는 인지를 담당하는 뇌의 부위와 연결되어 있고, 상호 작용하며 영향을 줍니다. 슬픔, 분노, 걱정 등 다양한 감정을 인식하는 감정 인식의 연결통로 역할을 하는 '편도체'는 기억을 관장하는 '해마', '판단, 공감'의 역할을 하는 '안와전두엽', 조절과 평가의 역할을 하는 '대상회' 등과 서로 연결되어 있죠. 그래서 편도체가 있는 변연계가 만약 두려움과 공포를 인식하게 되면, 생존을 위해 뇌의 피질에 있는 피가 안쪽의 뇌간으로 몰리면서 고차적인 뇌의 작동이 원활하지 않게 되면서 결국 감정, 정서가 원활하게 작동될 때야 비로소 기억, 판단, 대처, 조절 등의 고차적인 일들을 할 수 있게 됩니다.

그런데 우리가 분노와 같은 감정에 휩싸이게 되면 이성적이고 논리적인 판단과 대처가 힘들죠. 왜 그런 걸까요? 이유는 우리가 하는 합리적이고 이성적인 판단과 대처의 기반을 이루는 수많은 정보가 대부분 정서적 정보를 참고해서 이루어지기 때문입니다. 만약 사람들의 편도체를 제거하게 되면 사람들은 '정상', '상식'이라 여기는 의사결정도 힘들고, 일상생활 영위도 힘들게 됩니다. 그래서 우리에게 정서적 정보는 단지 감정을 느끼는 수준을 넘어, 한 인간이 올바른 판단을 하고, 적절히 대처할 수 있는 중요한 정보일 수밖에 없습니다.

그런데 이러한 감정에 휘둘리고 휩싸이게 될 때, 그 감정의 정보를 파악하고 대처하는 것이 중요합니다. 그래서 이미 편도체에서 유발된 정서를 전두엽의 판단과 이성적 영역의 조화를 이루기 위해서 우리는 먼저 불편한 감정을 느꼈을 때 감정의 진위, 강도를 파악하여 말하는 것이 중요할 수밖에 없습니다. 미국 로스앤젤레스 캘리포니아대 심리학과 매튜 리버먼 교수님의 연구에 의하면, 우리가 슬픔, 분노를 느꼈을 때 이를 언어로 표현하게 되면 그 감정이 누그러지게 된다는 것을 알게 됐습니다.

즉, 감정을 언어로 표현할 때, 편도체의 활동이 현저히 줄어들고 판단, 대처, 조절과 같은 인지적 사고를 관장하는 전전두피질의 활동은 활성화되면서 감정이 조절된다는 것이 밝혀졌습니다.

경계선 지능 아동의 "사회성 다루기"를 위한 부모와 교사의 역할

친구들에게 먼저 다가가지 않는 아이

Q 1. 자꾸 친구들이 자기를 싫어한다고만 말하고, 친구에게 먼저 다가가지 않으려고 해요.

경계선 지능 아동의 부모들이 가장 많이 걱정하고, 또 염려하는 부분이 바로 친구 관계랍니다. 이때 아동의 친구 사귀기, 친구 유지하기 기술만 가르쳐주려고 하는데, 이와 같은 아동의 고민은 먼저 아동이 정말 친구들이 '아동을 싫어하는지 아닌지' 확인해볼 필요가 있어요. 경계선 지능 아동의 경우, 사회인지 즉, 사회적 정보를 해석하고 파악하는 능력이 부진하여 친구의 무표정이 무심함인지, 지루함이었는지 등을 적절히 해석하고 판단하는 것이 어려워 잘못 판단할 수 있어요. 따라서 당시 친구의 표정, 말투, 행동, 앞뒤 상황 등을 물어보면서 정말 친구들이 아동을 싫어한 것인지, 아닌지에 대한 정보를 함께 모아보는 게 중요해요. 이때 이런 질문을 해볼 수 있어요.

- 그때 친구 표정은 어땠어? 말로 하기 힘들면 한 번 비슷하게 보여주거나 그려줄래?
- 그때 친구 말투와 목소리 톤은 어땠어?
- 그때 친구가 말하면서 어떻게 행동했어?
- 그 전에, 그 후에 어떤 상황, 장면이었어?
- 친구가 나를 싫어하는지 어떻게 알 수 있었어?

그다음 실제 친구 사귀는 기술을 함께 연습해볼 수 있어요. 여기서 설명보다는 실제 부모나 교사가 모델링을 보여주셔야 해요. 의사소통에서 언어보다 비언어가 2/3를 차지할 정도로 아주 중요하니까요. 친구를 잘 사귀고 유지하기 위한 눈 맞춤, 경청하기, 함께 놀이 제안 및 요청하기와 같은 기술을 어떻게 적용할 수 있을지 모델이 되어 보여준 후, 실제 어떤 친구에게 한 번 해볼 수 있을지 나름의 실제 연습을 위한 계획을 세운 후 해보도록 격려해 주세요.

그리고 실제 실천해본 후 어땠는지 피드백을 통해 다시 또 시도해봄으로써, 친구 사귀기 기술을 가정과 가정 밖에서 반복 연습하도록 도와주세요. 무엇보다 실패하더라도 '배운 것을 활용할 수 있는 능력'을 펼친 아동을 많이 칭찬하고 격려해주면 바로 다음 날 아침 친구를 사귀지는 못하더라도 아이 스스로 '꽤 괜찮은 나'를 경험할 수 있을 거예요.

눈치 없이 친구의 기분을 상하게 하는 아이

Q 2. 친구들 사이에서 눈치 없이 굴고, 자꾸 친구의 기분을 상하게 해서 친구가 별로 없는 것 같아요. 어떻게 도와줄 수 있을까요?

'눈치 없는 아이, 친구의 기분을 상하게 하는 아이'라면, 적극적인 주변의 도움이 필요해요. 왜냐하면 모든 아동이 24시간 매분 매초 다른 사람의 기분을 상하는 일을 하지는 않죠. 어떤 순간에는 다른 사람들과 친밀하게, 또 어떤 순간에는 다른 사람에게 즐거움과 감동을 주는 아이예요. 또 친구들과 친하게 지내고 싶어 하는 욕구 또한 남들과 다르지 않죠. 다만 눈치 없고, 친구의 기분을 상하게 한다는 것은 친구의 미묘한 감정 차이나 주변 상황의 변화를 민감하게 알아차리는 능력이 부진하고, 공감하고 격려하는 등의 친사회적 기술이 부족함을 말하는 것이지요. 부진하고 부족한 능력은 '제한'을 뜻하는 것이 아니라 '도움, 연습'을 통해 충분히 '성장'할 수 있음을 생각해야 해요.

그렇다면, 무엇부터 도와줄 수 있을까요?

먼저, 앞선 질문에서 살펴본 바와 같이 타인의 감정, 상황의 정보 등을 해석할 수 있으면 훨씬 친구들의 기분과 상황을 적절히 파악하여 눈치껏 대응할 수 있을 거예요. 본 책의 사회인지 부분을 살펴보고, 예시를 보여준 활동들을 함께 해보기를 추천해 드려요.

두 번째, 뭔가를 하지 못하게 하는 접근은 아동과 부모, 교사를 지치게 만들죠. "~~ 하지 마. 하지 말라고 했지?"와 같은 말은 부모나 교사, 아동 모두 지겹게 듣고 말하지만, 변화 또한 쉽지 않아 힘든 일이지요. 이때는 뭔가를 하지 못하게 하는 '통제'보다 뭔가를 할 수 있는 '대처'가 훨씬 더 효과적일 수 있어요. 친구의 기분을 상하게 했다면 '사과하기' 기술을, 또 그 전에 '경청하기', '친구와 눈 맞춤하며 친구의 표정, 상황 변화에 주의 집중하기', '격려와 칭찬하기' 기술을 가르쳐주는 것이 훨씬 도움이 돼요.

자신의 생각과 기분을 논리정연하게 전달하지 못하는 아이

Q 3. 아이가 친구나 선생님에게 자기 생각이나 기분을 논리정연하게 전달하지 못해서 답답해요. 어떻게 도와줄 수 있을까요?

먼저 생각해 볼 것은 자신의 아는바, 생각과 기분을 설명할 수 있는 어휘력이 충분한가, 만약 어휘구사력이 충분할지라도 이를 핵심을 통해 전달할 수 있는 능력을 갖추고 있는가를 점검해봐야 해요. 그래서 경계선 지능 아동이 어휘구사력 및 언어적 추론능력이 부진하다면 인지적 개입을 통해 꾸준히 상기의 능력이 증진될 수 있도록 도움을 주셔야 해요.

그다음 실제 어휘구사력 및 언어적 추론 능력은 적절한데, 사회적 장면에서 자기 생각이나 기분을 말하기 힘들어한다면 아동의 어떠한 생각과 기분이 위축된 행동을 일으켰는지 파악해 봐야 하지요. 예를 들어 '친구들이 나를 싫어할 거야', '친구들이 내 얘기를 잘 안 들어 줄 거야', '선생님이

말실수했다고 혼내면 어떡하지' 등의 생각으로 인해 슬프고, 불안하며 긴장되어서인지 물어볼 수 있어요. 아동에게 다음과 같이 질문해보세요.

· 만약, '어차피 친구들은 내 말에 관심 없어.' 이 생각을 네가 계속 갖게 된다면 어떤 일이 벌어질까?
· 네 생각이 틀렸던 적은 언제였어?
· 만약 너를 도와줄 수 있는 용기 있는 히어로가 있다면, 너에게 뭐라고 말해 줄까? 우리 같이 그 히어로처럼 말해볼까?

마지막으로 중요한 것은 아이가 실제 친구, 선생님에게 중요한 말을 전달해야 하는 상황이 생긴다면, 먼저 가정이나 교실에서 어른과 함께 리허설해보는 것도 중요해요. 역할연기도 해 보면서 배운 '말하는 방법'을 직접 오스카 배우처럼, 무대에서 하는 것처럼 연습해보세요. 그동안 친구나 선생님에게 자기 생각을 말하지 못했던 아동에게 갑자기 자기 생각을 말하라고 떠민다면, 갑자기 우리에게 어려운 배역을 주고 심지어 무대에서 즉흥연기를 펼치라는 격이지요. 우리는 모두 무대에서 얼어버릴 테고, 무대에서 내려와 이렇게 말할 거예요. "역시 나는 배우는 할 수 없어. 내 능력 밖이야"라고 말이지요.

이렇듯 실제 리허설, 역할 연기를 통해 어떻게 말하는지를 구체적으로 연습시켜주지 않은 채, 친구, 선생님 앞에 아동을 떠밀게 되면 아동도 이렇게 말할 거예요. "역시 나는 능력이 없어. 내 생각을 말하지도 못하는 바보야"라고요. 부모와 교사의 역할은 아동이 '말 잘하는 배우'가 되기를 바란다면, 아동이 설 수 있는 무대를 만들어주고, 구체적이고 실질적인 연습을 시켜주는 것이에요. 무언가에 숙달되었을 때 느끼는 성취감을 느낄 수 있도록 도와주세요.

다음 이미지를 직접 오려서 해당 페이지의 활동에 활용하세요.

p.66 해리포터 보거트 옷장 만들기

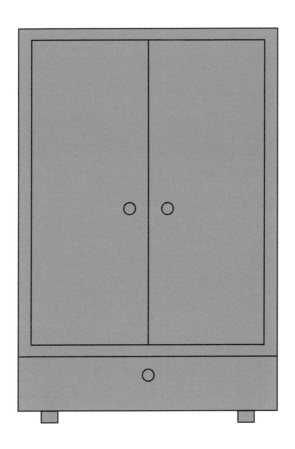

나의 분노는 어떤 소리가 날까요?	나의 분노는 어떤 냄새가 날까요?	나의 분노는 어떻게 생겼나요? 그림으로 표현해보세요!
나의 분노는 어떤 상황에서 모습을 나타내나요?	나의 분노와 닮은 캐릭터는 누구일까요? 만화, 게임, 영화, 책에서 나온 캐릭터 중에서 찾아보세요.	나의 분노는 어떤 색깔일까요?
어떤 상황에서 나는 분노를 사라지게 할 수 있었나요?	나의 분노를 통제하기 힘들었던 때는 언제인가요?	나의 분노는 어떤 상황에서 다시 사라지나요?
분노가 나타났다가 사라지면 나는 무엇을 생각하나요?	나의 분노가 함께 있는 것들과 친구들과 선생님은 어떻게 생각할까요?	나의 분노가 함께 있는 것들을 보면 가족들은 어떻게 생각할까요?

느린 학습자의 건강한 마음을 위한 실천 프로젝트

경계선 지능 아동의 정서사회성

초판 1쇄 발행 2021년 12월 5일
초판 10쇄 발행 2024년 10월 31일

지은이 정하나 · 유선미 · 김지연 · 임행정 · 정혜경 · 허성희
발행인 채종준

출판총괄 박능원
책임편집 신수빈
디자인 김예리
마케팅 문선영 · 전예리
전자책 정담자리
국제업무 채보라

브랜드 이담북스
주소 경기도 파주시 회동길 230 (문발동)
투고문의 ksibook13@kstudy.com

발행처 한국학술정보(주)
출판신고 2003년 9월 25일 제406-2003-000012호
인쇄 북토리

ISBN 979-11-6801-163-2 03370